AF545546

Ralph Weimann

Klarheit durch die Wahrheit

Ralph Weimann

Klarheit durch die Wahrheit

Beiträge zur Erneuerung des Glaubens und der Kirche

media maria

KLARHEIT DURCH DIE WAHRHEIT
Beiträge zur Erneuerung des Glaubens und der Kirche
Ralph Weimann

ISBN 978-3-947931-59-0

www.media-maria.de

Inhalt

Vorwort

Der Titel dieses Buches bringt zum Ausdruck, worum es auf den folgenden Seiten geht: Klarheit durch die Wahrheit. Das geoffenbarte Wort Gottes – die Wahrheit – bringt Klarheit; durch sie erkennt der Gläubige den Weg des Lebens. Diese Erkenntnis ist wie ein Licht, das das ganze Leben erleuchtet und damit den Weg weist. Die Worte des Herrn, der sich im Lobpreis an Gott Vater wandte und sprach, »Ich preise dich, Vater, Herr des Himmels und der Erde, weil du das vor den Weisen und Klugen verborgen und es den Unmündigen offenbart hast« (Mt 11,25), gehen in diese Richtung. Die Wahrheit Gottes ist das Licht des Geistes und bringt als solches demjenigen Klarheit, der sich ihr öffnet.

Anders verhält es sich bei den Sophisten, jenen Menschen, die die Wahrheit verfälschen, weil sie sich davon einen Vorteil versprechen. Ihnen sind die Zustimmung und der Applaus der Menschen, Anerkennung oder finanzielle Vorteile wichtiger. Nicht selten sind es auch vielfältige Zwänge, die Menschen einknicken lassen, wenn es um die Wahrheit geht. Das Paradebeispiel dafür ist und bleibt Pontius Pilatus. Darüber hinaus ist die Meinung weitverbreitet, dass die Wahrheit irgendwo zwischen der einen und der anderen Position zu finden sei, so als ob die Wahrheit Verhandlungsmasse wäre. Doch die Wahrheit ist weder der kleinste gemeinsame Nenner noch ein Kompromiss, sie ist die Mitte und der Maßstab. Sie führt zur Klarheit im Hinblick auf Gott,

Klarheit im Hinblick auf den Nächsten, Klarheit im Hinblick auf das eigene und das ewige Leben.

Dazu ist es notwendig, sich der Wahrheit zu stellen, ihr ins Angesicht zu schauen, den Mut zu haben, ihr zu folgen. Je mehr das gelingt, umso mehr gibt es Klarheit im eigenen Leben. Das Abwenden von der Wahrheit oder die Ignoranz ihr gegenüber (vgl. 2 Tim 4,4) löst kein Problem. Denn ohne die Wahrheit fehlt das Licht des Geistes und der Mensch verstrickt sich in die Lüge, bleibt im Dunkeln. Aus biblischer Perspektive wird deutlich, warum es keine Alternative zur Wahrheit gibt, denn der Teufel ist »der Vater der Lüge«. Er »steht nicht in der Wahrheit; denn es ist keine Wahrheit in ihm. Wenn er lügt, sagt er das, was aus ihm selbst kommt; denn er ist ein Lügner« (Joh 8,44).

Im Gegensatz dazu hat sich der Herr als die Wahrheit (vgl. Joh 14,6) geoffenbart. Er sagt von sich: »Ich bin dazu geboren und dazu in die Welt gekommen, dass ich für die Wahrheit Zeugnis ablege. Jeder, der aus der Wahrheit ist, hört auf meine Stimme« (Joh 18,37). Dieses Zeugnis hatte einen sehr hohen Preis: Der Herr bezahlte dafür mit seinem Tod am Kreuz. Aber nur die Wahrheit befreit von der Lüge, von der Unwahrheit, von der Dunkelheit, sie wirkt geradezu erlösend.

Wenn es keine Wahrheit gäbe oder wenn der Mensch sie nicht erkennen könnte, dann wäre er vergleichbar mit einem Blindgeborenen. Er würde umherirren und unterschiedlichen Meinungen und Ideen folgen, nichts ließe sich mit Gewissheit sagen, vor allem im Hinblick auf jene Dinge, die wesentlich sind im Leben.

Weil eine solche Grundhaltung weitverbreitet ist, meinen nicht wenige, auch die Religion müsse von der

Wahrheit Abstand nehmen, nur so könne sie dem Menschen gerecht werden und dem Frieden und der Toleranz dienen. Im Gegensatz dazu ist der Inbegriff für religiöse Wahrheit das Dogma, jene definierten Glaubenswahrheiten, die von der höchsten kirchlichen Autorität als zu glauben festgeschrieben sind und für alle Zeiten ihre Gültigkeit behalten. Der damit einhergehende Wahrheitsanspruch ist für viele Zeitgenossen nicht erträglich, weil er nicht der Mentalität der Zeit entspricht. Folglich wird eine dogmenfreie Religion gefordert, weil das Dogma störe und dem Fortschritt des Menschen im Weg stehe. Doch schon ein oberflächlicher Blick auf diese Aussagen lässt deutlich werden, dass es sich genau umgekehrt verhält. Es gibt keinen wahrheitsfreien Raum. Die Alternative zur Wahrheit ist die Lüge. Doch weder befreit die Lüge noch ist sie eine tragfähige Alternative, die auf Dauer halten kann. Vielmehr ist der Glaube nur dann glaubwürdig, wenn er wahr ist.

Der Mensch wird mit Recht als *homo sapiens* bezeichnet, als vernunftbegabte Person. Wie das Wort *sapiens* deutlich macht, ist der Mensch auf die *sapientia* hingeordnet. Damit ist jene Klugheit, Weisheit und letztlich Wahrheit bezeichnet, die erkennen zu können die Größe und Würde des Menschen ausmacht. Wer dem Menschen diese Fähigkeit abspricht, der erhöht ihn nicht, sondern erniedrigt ihn. So ist die Wahrheitsfähigkeit des Menschen bereits in der Schöpfungsordnung grundgelegt, was nicht heißt, dass alle Menschen auch tatsächlich zur Erkenntnis der Wahrheit gelangen. Damit ist wohl aber gemeint, dass alle Menschen sie erlangen können und sollen. So schreibt der Apostel Paulus: »Das ist recht und wohlgefällig vor Gott, unserem Retter; er will, dass alle Menschen gerettet werden und zur Erkenntnis der Wahrheit gelangen« (1 Tim 2,3–4). Der Völkerapostel bringt damit zum Ausdruck, worum es im Leben geht und was der inneren Veranlagung eines jeden Menschen entspricht. Schon im Buch Genesis heißt es: »Gott erschuf den Menschen als sein Bild, als Bild Gottes erschuf er ihn« (Gen 1,27). In dieser Schilderung findet sich der vornehmste Ausdruck für die Wahrheitsfähigkeit des Menschen, denn der Mensch trägt die Wahrheit Gottes in sich.

Aus dieser Perspektive wird deutlich, warum die Theologie als »Lehre von Gott« – wie die ganze menschliche Existenz – auf die *sapientia* hin ausgerichtet ist. Dabei kommt Gott dem Menschen entgegen, er offenbart das gnadenhafte Licht seiner Wahrheit (vgl. Joh 1,14). So wird deutlich, dass die Wahrheit *der* Maßstab und *die* Mitte für den Menschen ist bzw. sein sollte. In ihr findet der Mensch seinen Sinn und seine Erfüllung. Um diese Mitte geht es im vorliegenden Buch. Dabei werden jene Aspekte dargelegt, die ausgehend von der Wahrheit für eine Erneuerung des Glaubens und der Kirche wichtig sind.

Damit ist bereits der große Rahmen dessen angedeutet, worum es gehen soll. Zunächst wird dargestellt, wie der Glaube – die göttliche Wahrheit – in den Seelen der Menschen zunehmend verdunstet, sodass sich immer mehr Menschen von der Glaubenswahrheit lossagen. Verschiedene Einschnitte in der Neuzeit haben diesen Prozess beschleunigt, was nicht ohne Auswirkungen auf das Verständnis des Glaubens geblieben ist. Wenn nämlich der Glaube nicht mehr bekannt ist, kann er auch nicht mehr gelebt werden. Dabei ist der Stein des Anstoßes die geoffenbarte Wahrheit. An ihr scheiden sich die Geister. Je mehr die Wahrheit des Glaubens gekannt, geschätzt und gelebt wird, umso attraktiver wird sie. Umgekehrt bedeutet dies: Wenn die Wahrheit gefährdet oder abgelehnt wird, leidet der Glaube. Daraus lassen sich wichtige Anregungen für eine Erneuerung des Glaubens und der Kirche ableiten. In dem Sinne hatte Papst Benedikt XVI. von einer »Entweltlichung der Kirche« gesprochen, um vom Schein zum Sein zu kommen und in der Wahrheit zu verbleiben. Nur so kann der Glaube lebendig und zur Quelle für die Erneuerung der Kirche sowie zum Garanten für die Einheit im Kleinen wie im Großen werden. Dabei ist die innere Gemeinschaft mit der Wahrheit, die einen geistigen Prozess voraussetzt, wichtiger als das äußere menschliche Bemühen.

So wird deutlich, dass man dem Menschen keinen Gefallen erweist, wenn man ihm die Wahrheit vorenthält. Für den Moment mag es angenehmer sein, aber auf diese Weise verschleppt man die Probleme, lässt sie größer werden, statt sie zu lösen. Allein die Wahrheit macht frei, denn sie führt zu jener Klarheit, der man sich früher oder später – wenn nicht in dieser, dann in der anderen Welt – stellen muss.

I. Der Glaube verdunstet in den Seelen

Im Jahr 2012 habe ich einen Artikel mit dem provokanten Titel verfasst: »Der Glaube verdunstet in den Seelen«.[1] Vor allem mit einem Blick auf die Kirche in Deutschland bestätigt sich die vor gut zehn Jahren gemachte Aussage immer mehr. Seit 2012 sind in Deutschland deutlich über zwei Millionen Katholiken aus der Kirche ausgetreten. Vor dem Hintergrund der Tatsache, dass die Glaubensvermittlung *die* zentrale Aufgabe der Kirche ist, um die Menschen zur Gemeinschaft mit Gott und damit zum ewigen Leben zu führen, wird unmissverständlich deutlich: Der Glaube verdunstet in den Seelen. Es wäre unrechtmäßig, die Schuld daran allein gewissen Krisenerscheinungen und Skandalen anzulasten, zumal die Abwendung von der Kirche und damit auch vom Glauben – wenigstens statistisch belegt – kontinuierlich erfolgt, auch wenn der Exodus sich in den letzten Jahren beschleunigt. Die Gründe dafür sind weitreichend und tiefgehend. Tragfähige Lösungsansätze setzen voraus, dass die zugrunde liegende Problematik erfasst wird, um auf die Krise antworten zu können. Daher muss zunächst die Problematik als solche skizziert werden, um genauer zu erfassen, worin dieser Verdunstungsprozess des Glaubens besteht. Erst dann kann nach tragfähigen Lösungen gesucht werden.

1. Abwendung vom Kult

Noch 1920 machte Romano Guardini eine Entwicklung im Hinblick auf Glaube und Kirche aus, die er wie folgt beschrieb: »Ein religiöser Vorgang von unabsehbarer Tragweite hat eingesetzt: Die Kirche erwacht in den Seelen.«[2] Später ergänzte er: »›Die Kirche wird lebendig in den Seelen‹, hat der Verfasser vor zehn Jahren geschrieben. Heute [1930] fügt er hinzu: Dann, wenn Christus in den Seelen lebendig wird; Er, wie er ist, aus der Sendung des Vaters an den Menschen herantretend.«[3] Von diesem Vorgang ist in vielen Teilen der westlichen Welt nur noch wenig zu spüren, im Gegenteil, es gibt eine zunehmende Abwendung vom Glauben der Kirche.

Dabei handelt es sich – dies lässt sich in Anlehnung an Guardini sagen – in der Tat um einen Vorgang von unabsehbarer Tragweite, denn immer dann, wenn der Glaube an Gott schwindet, befindet sich nicht nur die Kirche in einer Krise, sondern es fehlt auch das tragende Fundament für die Gesellschaft.[4] Das wird im Hinblick auf die Kultur besonders deutlich. Das Wort »Kultur« leitet sich vom lateinischen Verb *colere* her und bedeutet so viel wie behauen, pflegen, veredeln. Im Altertum wurde dieses Wort auch im Kontext der Götterverehrung verwendet, sodass der Zusammenhang von Kult und Kultur offen zutage trat. Jeder Kultur liegt ein geistiges Fundament zugrunde: ein Kult. Andernfalls würde es sich um eine sterbende oder tote Kultur handeln. Aus diesem religiösen Fundament leiten sich ethisch-moralische Prinzipien her, die für eine Gesellschaft/Kultur wegweisend sind.

Erst in der Moderne fand die Ansicht Verbreitung, dass der säkulare Staat auch ohne ein religiöses Fundament auskomme und autonom festlegen könne, was für das Volk geeignet sei und was nicht. Der Staat, so heißt es, sei selbst in der Lage, ethisch-moralische Prinzipien zu definieren. Es wird von »Werten« oder »Wertegemeinschaften« gesprochen, die ein Land oder einen Kulturkreis kennzeichnen. Doch handelt es sich um dehnbare, unpräzise Begriffe, die je nach zeitbedingten Vorgaben definiert werden können. Neben der begrifflichen Unschärfe verbindet sich damit eine weitere Problematik, die immer deutlicher zutage tritt.

Wenn der Staat seine ethisch-moralischen Prinzipien losgelöst von religiösen Grundlagen definiert, dann muss er einen Ersatz dafür schaffen. Denn ethisch-moralische Prinzipien entstehen nicht aus sich selbst, ihnen liegt immer eine kultische Dimension zugrunde. Wie aber sieht der Ersatz aus? In gewisser Weise setzt sich der Staat – die Politiker und diejenigen, die den Ton in Politik und Medien angeben – selbst an die Stelle dessen, der Prinzipien festlegt und vorgibt. Wohin dieser Prozess geführt hat und immer wieder führt, zeigt ein Blick in die Geschichte des letzten Jahrhunderts, erfreut sich aber trotzdem in der gegenwärtigen Zeit einer gewissen Attraktivität. Das Gesagte spiegelt sich auch im Verhalten von Politikern wider, die beim Ablegen des Eides auf die Verfassung den Zusatz »So wahr mir Gott helfe« weglassen. Auf den ersten Blick mag dies als kleines »Detail« erscheinen, in Wirklichkeit kommt darin aber etwas Wesentliches zum Ausdruck. Denn die Spitze des Eisbergs wird sichtbar.

Wenn sich eine Gesellschaft, Kultur und Politik vom Kult lösen, dann werden die eigenen Positionen und Ansichten zum neuen Kult. Wenn sich aber der Kult ändert, dann auch die ethischen Prinzipien. In diesem Fall ließe sich ein Abgleiten in die Willkür jener, die den Ton angeben, auf Dauer nicht vermeiden. Ein solcher Prozess ist inzwischen weit vorangeschritten, was im Hinblick auf bioethische Fragen am Anfang und am Ende des menschlichen Lebens besonders deutlich wird.[5] Die ganze – vor allem – westliche Kultur hat sich tiefgreifend verändert; dies tritt heute immer deutlicher zutage.[6] Ernst-Wolfgang Böckenförde hatte zweifellos recht, wenn er in den 70er-Jahren unterstrich, dass der säkulare Staat von Voraussetzungen lebt, die er selbst nicht zu garantieren vermag.[7]

Schon an dieser Stelle lässt sich erkennen, wie tiefgreifend die gegenwärtige Krise ist, von der auch die Kirche nicht verschont bleibt. Denn was für den Staat gilt, das gilt noch mehr für die Kirche. Auch sie hat gegen Säkularisierungstendenzen zu kämpfen und ist nicht selten einer starken Selbst-Säkularisierung ausgesetzt. Die Forderung von Papst Benedikt XVI. nach einer Entweltlichung der Kirche zielt darauf, Abhilfe zu schaffen, worauf im weiteren Verlauf noch einzugehen sein wird.[8]

An dieser Stelle genügt es jedoch, einen Blick auf die Bedeutung des Kultes schlechthin zu werfen: die heilige Eucharistie. Sie ist *der* zentrale Vollzug in der Kirche, so zentral, dass Johannes Paul II. geschrieben hat: »Die Kirche lebt von der Eucharistie.«[9] In seinem Lehrschreiben erinnert der Papst daran, dass die Kirche nicht in sich selbst steht und daher weder von Diskussionsgruppen, Reformforen oder synodalen Prozessen lebt, sondern aus der Eucharistie – dem Kult – ihre vitale Kraft schöpft, ohne die sie zugrunde gehen würde. Denn die Eucharistie enthält »das Heilsgut der Kirche in seiner ganzen Fülle, Christus selbst, unser Osterlamm und das lebendige Brot. [...] Deshalb ist der Blick der Kirche fortwährend auf den Herrn gerichtet, der gegenwärtig ist im Sakrament des Altares, in dem sie den vollkommenen Ausdruck seiner unendlichen Liebe entdeckt.«[10]

In den 20er-Jahren des vergangenen Jahrhunderts stellte Romano Guardini fest, dass eine neue Sensibilität unter den Gläubigen entstand, die zu einem neuen Bewusstsein führte. Die Kirche, der Glaube, die Eucharistie erwachten in den Seelen. Die heilige Eucharistie bildete das Zentrum, sodass die Gläubigen bemüht waren, am Geheimnis des Glaubens teilzunehmen, was in der Forderung nach einer *participatio actuosa* in der Liturgie seinen Ausdruck fand. Das letzte Konzil verstand darunter eine inwendige Teilnahme am Glaubensgeschehen.[11] Es ging vor allem um eine geistig-innerliche Teilnahme am Kult als zentralem Glaubensvollzug. Diese Erneuerung hätte jedoch nur dann gelingen können, wenn die Heiligkeit des Kultes allen deutlich vor Augen gestanden und zugleich die Glaubensunterweisung den Zugang dazu erschlossen hätte. Letztendlich geht es um die Anbetung Gottes »im Geist und in der Wahrheit« (Joh 4,23). Dazu schreibt Joseph Ratzinger: »Aber Geist und Wahrheit sind nicht abstrakte philosophische Begriffe – die Wahrheit ist ER, und der Geist ist der Heilige Geist, der von ihm ausgeht.«[12] Beides ist im Großen gescheitert; weder die Wahrheit noch die Anbetung Gottes im Geist haben sich durchgesetzt, dabei sind sie die Säulen, auf denen der Kult steht.

Romano Guardini hatte bereits auf die Gefahren einer Abwendung von Gott aufmerksam gemacht. Er schrieb im Jahr 1952: »In der Neuzeit zeigt sich etwas Eigentümliches, das Jeden betroffen machen muss, der fähig ist, Wesentliches zu sehen. Der Mensch – richtiger gesagt, viele Menschen; jene, die geistig Maß und Ton bestimmen – lösen sich von Gott ab. Sie erklären sich für autonom, das heißt für fähig und befugt, sich selbst das Gesetz ihres Lebens zu geben. […] Diese Haltung geht immer entschiedener darauf zu, den Menschen absolut zu setzen.«[13]

An die Stelle Gottes trat zunehmend der Mensch und damit der Eigenwille, der sich von den Lebensumständen, der Willkür und dem Zeitgeist leiten lässt, aber nicht vom Heiligen Geist. Was sich in Politik und Gesellschaft abspielte, fand auch seinen Weg in die Kirche. Nicht wenige »Gläubige« haben sich vom Glauben an Gott abgewandt und an dessen Stelle ihre eigenen Wünsche und Ansichten gestellt. Wenn aber der Gottesbezug schwindet und seine Bedeutung verliert, dann fehlt jenes tragende Fundament, auf dem alles steht. Auf diese Weise würde der Eckstein verworfen (vgl. Mt 21,42) und das Haus wäre auf Sand gebaut (vgl. Mt 7,26–27). Ein derartiger Prozess ist im Gange. Hier soll es genügen, diesen Prozess in groben Zügen zu skizzieren.

2. Zuwendung zum Menschen

Aus dem zuvor Gesagten wird deutlich, dass die Abwendung von Gott zu »Ersatzformen« führt. Wenn nicht mehr Gott die Quelle für die Inspiration ethisch-moralischen Handelns ist, dann bleibt alternativ nur der Mensch, der sich nun selbst das Gesetz des Lebens gibt. Etwas Ähnliches wird bereits im Buch Exodus beschrieben, auch wenn die Geschichte zunächst entgegengesetzt beginnt. Mose erhielt von Gott das Gesetz auf dem Berg Sinai. Es sollte als Richtmaß dienen, um den Weg zu zeigen, der zum ewigen Leben führt. Daraus ergibt sich ein ethischer Kodex, der in den Zehn Geboten seinen Ausdruck findet. Doch das Volk wandte sich von Gott ab und schuf sich Götzen nach eigenen Vorstellungen. Sie gossen sich ein Goldenes Kalb und warfen sich vor ihm nieder. Mehr noch, sie sagten: »Das sind deine Götter, Israel, die dich aus dem Land Ägypten heraufgeführt haben« (Ex 32,8). Die Dramatik dessen, was hier beschrieben wird, ist kaum zu unterschätzen; sie wiederholt sich, wie ein Blick in die Geschichte zeigt.

Damals wandte sich das Volk Gottes von Gott und seinen Geboten ab, wobei die Möglichkeit, die Wege Gottes zu verlassen, zu allen Zeiten bestehen bleibt. Dabei gibt es einen untrennbaren Zusammenhang zwischen der Wahrheit Gottes und den Geboten. Das eine ist ohne das andere nicht zu haben. Als sich das Volk Israel Götzen schuf, die nichts anderes waren als ihre eigenen Vorstellungen und Wünsche, hatten sie den Bezugspunkt für ihr Leben und Handeln verloren. Derartige Tendenzen lassen sich auch in der Kirche ausmachen. Viele haben begonnen, sich von Gott abzuwenden unter vorgeblicher Zuwendung zum Menschen. Dem liegt gewöhnlich ein subtiler Prozess zugrunde, den es im Folgenden darzulegen gilt.[14]

Natürlich ist die Zuwendung zum Menschen grundsätzlich wünschens- und erstrebenswert. Sie wirkt sich jedoch verhängnisvoll aus, wenn sie zum Ausgangspunkt gemacht wird, um die Gläubigen von Gott und der in Jesus Christus geoffenbarten Wahrheit abzubringen und seine Wahrheit zu ignorieren oder ihr gar zu widersprechen. In diesem Fall wäre eine solche »Zuwendung« zum Menschen ein Trojanisches Pferd, um die Menschen von Gott abzubringen.

Ein derartiger Entkopplungsprozess ist seit vielen Jahren im Gang und hat die »Gläubigen« von Gott entfremdet, was sich vor allem darin zeigt, dass die Offenbarung Gottes, bezeugt in Schrift und Tradition, an Bedeutung und Normativität verloren hat und weiterhin verliert. Die Vorgehensweise ist subtil, denn die Menschen werden im Glauben gelassen, sie seien »katholisch«, obwohl sie sich von der in Jesus Christus geoffenbarten Wahrheit abwenden oder bereits abgewandt haben.

Dies zeigt sich beispielsweise daran, dass grundlegende Glaubensinhalte nicht mehr bekannt sind, nicht mehr akzeptiert und nicht mehr geglaubt werden. Besonders augenscheinlich tritt dies im zentralen Glaubensvollzug der Kirche vor Augen: der Heiligen Messe. Obwohl es Gottes-Dienst ist, gibt es die Tendenz, Gott in der Feier kleinzuhalten. Kniebeugen und Knien, durch die der Glaube an die Gottheit Jesu Christi äußerlich bezeugt wird, werden vermieden. Die Feier selbst wird so gestaltet, wie sie dem Publikum entspricht, auch wenn dies zu einer Banalisierung des göttlichen Geheimnisses führt. Der sakrale Raum wird gemieden oder so umgebaut, dass er sich äußerlich kaum mehr von einem profanen Raum unterscheidet. Auf diese Weise wird fälschlicherweise vorgegeben, dass der Mensch im Mittelpunkt stehe, wobei in Wirklichkeit genau das Gegenteil der Fall ist. Denn der Mensch wird erhöht durch Gott, er erniedrigt sich selbst, wenn er sich selbst an Gottes Stelle setzt.

Schon John Henry Newman kannte diese Schwierigkeit, die sich gewöhnlich mit der Forderung nach Neuerungen verbindet. So hat er zur sorgfältigen Prüfung gemahnt, ob entsprechende Neuerungen zu einem Wachstum im Glauben führen. Mit einem gesunden Realismus schrieb Newman, dass selbst dann, wenn »der Fortschritt der Gesellschaft von einem übermenschlichen Gesetz geleitet würde, so wäre er doch, solange er sich gegen die Wahrheit der Schrift richtet, nicht Gottes Ordnung, sondern nichts anderes als eine Kreatur des Teufels«.[15] In seinen Ausführungen tritt die Klarheit durch die Wahrheit deutlich zutage.

Und doch hat sich eine derartige Entwicklung zunehmend den Weg gebahnt, auch in die Kirche. Geblendet vom Schein dessen, was den Menschen gefällt, hat ein Entkopplungsprozess eingesetzt, durch den die »Gläubigen« von Gott, vom Gesetz Gottes und seinen Geboten entfremdet wurden. So sehr, dass sie sich – davon sind inzwischen nicht einmal mehr Bischöfe ausgenommen – damit nicht mehr identifizieren. In der Diözese Essen wird z. B. eine »Beichte« eingeführt ohne Sündenbekenntnis,[16] ein Bischof – und dabei handelt es sich um keinen Einzelfall – entschuldigt sich für die Lehre der Kirche, weil sie nicht dem Maßstab der Moderne folge, sondern diskriminiere.[17] An dieser Stelle zeigt sich deutlich, wohin jener Prozess führt, den John Henry Newman skizziert und vor dem er gewarnt hatte.

Die vermeintliche Hinwendung zum Menschen, die unterschiedliche Facetten und Akzentsetzungen aufweist, wird in der theologischen Fachsprache gewöhnlich als »anthropologische Wende« bezeichnet. Dieser Begriff ist untrennbar mit dem Namen Karl Rahner verbunden.[18] Sie hat in ihrem Bemühen, Gott vom Menschen her zu denken, schnell großen Einfluss gewonnen und ist zum Mainstream katholischer Theologie geworden. Dabei hat sie immer radikalere Züge angenommen und letztlich zur anthropozentrischen Wende geführt, in der allein der Mensch im Zentrum steht. Wo immer eine derartige Hinwendung zum Subjekt »Mensch« konsequent Anwendung findet, kommt es zur Abwendung vom offenbarten Glauben, weil das neue Kriterium für »Glaube« der Mensch mit seinen Vorstellungen und Vorlieben ist.

II. Neuerungen – gefährliche Zäsur

Neuerungen werden in der öffentlichen Wahrnehmung gewöhnlich als positiv gewertet. In Wirklichkeit führt jedoch nicht jede Neuerung zu einer positiven Entwicklung. Wie viel Leid, Zerstörung und Unheil ist über die Welt gekommen unter Berufung auf Fortschritt und Neuerung? Vor allem wenn diese von Ethik und Moral entkoppelt sind, können sie eine destruktive Kraft entfalten. Elon Musk hat beispielsweise im April 2023 darauf hingewiesen, dass die künstliche Intelligenz für die Menschheit zur bedrohlichen Gefährdung werde.[1] Zusammen mit anderen Experten hatte er davor gewarnt, dies könne zum Untergang der Menschheit führen.

Schon Romano Guardini hat in seinen weitsichtigen Analysen darauf hingewiesen, dass in der Moderne der Fortschritts-Optimismus in den Rang eines Dogmas erhoben werde.[2] Doch wie kann ein rechter Umgang mit den Möglichkeiten technischen Fortschritts gefunden werden, wenn die Frage nach der Wahrheit nicht mehr gestellt wird? Oder anders gefragt: Wenn sich der Mensch nicht mehr verantwortlich weiß vor Gott, wie lassen sich dann moralisch-ethische Normen begründen? Läuft dann nicht der Mensch oder die Wissenschaft Gefahr, sich absolut zu setzen? Was vermag den Fortschritt zu regulieren, damit er die Menschheit nicht in die oben beschriebene Gefahr führt?

Es lohnt sich, einen Blick auf die Entwicklung hin zum Fortschritts-Dogma zu richten, um die gegenwärtigen Herausforderungen besser verstehen zu können. Dabei erweisen sich die Ausführungen von Joseph Ratzinger als besonders hilfreich.

1. Erste einschneidende Zäsur

Eine Zäsur ist ein markanter Einschnitt und bezeichnet eine Grenze zwischen zwei Epochen. Weil die Geschichte im Fluss ist, werden Zäsuren in der Regel im Nachhinein festgelegt und sind damit zum einen konstruiert und zum anderen künstlich. Was eine Zäsur bedeutet, wird im Hinblick auf das Ende des Zweiten Weltkriegs deutlich, der zweifellos eine Zäsur war. Doch selbst am Kriegsende war vieles noch nicht klar – z. B. die Vertreibung von Millionen von Deutschen –, sodass sich hier bestätigt, was zuvor gesagt wurde.

In der *Einführung in das Christentum* beschreibt Joseph Ratzinger zwei Zäsuren, die er Stadien nennt. Diese sind für die geistesgeschichtliche Entwicklung von großer Bedeutung. Er macht sie an ihrem Verhältnis zur Wirklichkeit fest, denn an der Wirklichkeit misst sich die Wahrheit. Wahr ist demnach, was wirklich ist. Wenn sich das Verhältnis zur Wirklichkeit verändert, wenn Wahrheit ausgehend von einer Teilwirklichkeit oder losgelöst von der Wirklichkeit überhaupt konstruiert wird, dann wird dies zu schwerwiegenden Konsequenzen führen. Und genau derartige Veränderungen wurden in der Moderne vorgenommen.

Folgen wir also den Ausführungen Ratzingers. Demnach wurde in einem ersten Schritt die Wirklichkeit auf das positivistisch Fassbare reduziert. Die Technik entwickelte sich rasant und auch die Geistesgeschichte versuchte mitzuhalten. So setzten sich Verfahren durch, die messbare und mit den Methoden der modernen Wissenschaft erfassbare Dinge als wahr darstellten. Natürlich sind diese Methoden zulässig, aber im Bereich der Geisteswissenschaften würde die rigorose Anwendung derselben zu einer Verkürzung der Wirklichkeit führen. Joseph Ratzinger fasst dieses Stadium in der Gleichung *verum quia factum* zusammen. »Als wahr erkennbar ist für uns nur das, was wir selbst gemacht haben.« Er fügte hinzu: »Mir will scheinen, dass diese Formel das eigentliche Ende der alten Metaphysik und den Anfang des spezifisch neuzeitlichen Geistes darstellt.«[3]

Es lohnt sich, diese Aussage im Folgenden zu kommentieren. Die Metaphysik stand und steht dafür, der Wirklichkeit in all ihren Dimensionen Ausdruck zu verleihen: Dazu gehören nicht nur die für die Menschen charakteristischen Geisteskräfte, durch die die großen Leistungen der Menschheit erst möglich wurden, sondern alles, was die reine Physik übersteigt, so auch Gott. Das neuzeitliche Denken hat sich hingegen in eine andere Richtung entwickelt und zu einer Selbstbeschränkung auf das *factum* geführt. Wirklichkeit ist nur noch das, was von den neuen positivistischen Methoden erfasst wird und gemessen werden kann. So vorteilhaft dies auch im Hinblick auf technischen Fortschritt und Entwicklung sein mag, so schwierig erweist es sich im Hinblick auf die geistigen Dinge. Wenn nämlich die Methode im Hinblick auf den Glauben Anwendung finden würde, dann wäre der Gottesbezug von vornherein ausgeschlossen, weil man Gott nicht unter das Mikroskop legen kann. Der Horizont dieser wissenschaftlichen Methode vermag alles, was jenseits derselben liegt, nicht zu erkennen; auf keinen Fall können so ethisch-moralische Prinzipien erschlossen werden. Wie können Liebe, Treue, Güte, Nächstenliebe und viele andere für das Leben grundlegende Tugenden begründet werden, ohne die das Leben verarmen und verkümmern müsste?

Die Reduktion auf das Gemachte und mit den Mitteln der positivistischen Wissenschaft Nachweisbare hatte außerdem schwerwiegende Auswirkungen auf die Erkenntnis von Wahrheit. Als wahr wird nur noch das anerkannt, was wissenschaftlich – im Sinne des neu definierten Verständnisses – verifizierbar ist. Für den Glauben bedeutet dies, dass er gänzlich in den Bereich des Subjektiven verbannt würde, zumal er – wenn die neuen Kriterien gelten – nicht »objektiv« verifizierbar ist. Es kommt, um es mit Nietzsche zu sagen, zur Umwertung aller Werte. Es folgt die Abwendung vom Dogma, von der objektiven Glaubensnorm, die auf Schrift und Tradition gründet. Weil das *factum* des Glaubens die Offenbarung ist, die aber durch das Raster der modernen Wissenschaft fällt, wird der Glaube in die Privatsphäre verdrängt. Ein derartiger Ansatz hat die radikale Anthropozentrik begünstigt, von der bereits zuvor die Rede war.

2. Zweite einschneidende Zäsur

An dieser Stelle ist es hilfreich, noch einmal die Analyse aufzugreifen, die Joseph Ratzinger in der *Einführung in das Christentum* vornimmt. Die Reduktion der Wirklichkeit auf das Faktum konnte auf Dauer nicht genügen. Ein solcher Ansatz musste unbefriedigend bleiben. Wenn nämlich die Dimension des Geistes vernachlässigt wird und nur noch das historische Faktum zählt, dann kann dies das unruhige Herz des Menschen weder stillen noch erfüllen. So war die Entwicklung hin zu einem noch dynamischeren Verständnis von Wirklichkeit vorprogrammiert.

Aus eben diesem Ungenügen heraus entwickelte sich eine zweite Zäsur, die der damalige Professor Ratzinger mit »Wende zum technischen Denken« umschrieb.[4] Dieses Stadium ist für die Postmoderne kennzeichnend und hatte sich mit dem marxistischen Leitmotiv verbunden, wonach die Philosophen die Welt bisher nur verschieden interpretiert hätten, es aber jetzt darauf ankäme, die Welt zu verändern. Ein neues Kriterium, oft unter dem Deckmantel des Fortschritts oder eines falsch verstandenen Aggiornamento, verbreitete sich in kürzester Zeit. Der neue Maßstab für die Wahrheit ist nicht mehr die Wirklichkeit oder das Gemachte, sondern das Machbare.

Joseph Ratzinger hatte diese Entwicklung bereits in den 60er-Jahren skizziert und in der folgenden Gleichung zusammengefasst: *Verum quia faciendum*. Wahr ist demnach das Machbare, die Weltveränderung, vor allem der Fortschritt. Die Wahrheit erhält eine gänzlich neue, gänzlich unbestimmte Bedeutung. Das, was subjektiv ist, wird zum Objektiven erklärt und umgekehrt. Heute zeigt sich diese problematische Entwicklung nicht nur in der ungebremsten Entwicklung der künstlichen Intelligenz, sondern auch in »verschiedenen Formen einer Ideologie, die gemeinhin ›Gender‹ genannt wird«, wie Papst Franziskus ausführt.[5]

Wenn nun das zu Machende und die Machbarkeit zum neuen Kriterium der Wahrheitsfindung werden, dann verliert die Tradition nicht nur an Bedeutung, sondern wird zur Last, die es so bald wie möglich abzustreifen gilt. »Es kommt zum Primat des Machbaren vor dem Gemachten, denn in der Tat: Was soll der Mensch schon mit dem bloß Gewesenen? Er kann seinen Sinn nicht darin finden, sich zum Museumswärter seiner eigenen Vergangenheit zu machen, wenn er seine Gegenwart bewältigen will.«[6]

An dieser Stelle tritt bereits die ganze Problematik der Kirche unserer Zeit offen zutage. Wo immer die Prämissen der Postmoderne Anwendung finden, werden die kirchliche Lehre, die Feier der Liturgie und schließlich auch das Leben der Gläubigen dem Kriterium der Machbarkeit ausgeliefert. Der Priester, der *recte rite* nach den liturgischen Regeln die Heilige Messe feiert, wird zum Gralswächter, ihm wird Rigorismus und Hartherzigkeit vorgeworfen. Das Festhalten an der lebendigen Tradition der Kirche wird als Rückwärtsgewandtheit und Gestrigkeit abgestempelt. Ein Leben, das sich an den Geboten der Kirche orientiert, wird unter den Verdacht des Fundamentalismus gestellt. Umgekehrt gilt derjenige als modern und weltaufgeschlossen, der alles den eigenen Bedürfnissen und Vorstellungen unterwirft. Leichtfertige und vorschnelle Etikettierungen verstärken diesen Prozess.

Die Wende zum technischen Denken, die das Können und Sollen des Menschen zum eigentlichen Kriterium werden lässt, entspricht zwar der Postmoderne, steht aber in diametralem Gegensatz zum Wesen des Glaubens. Hier wird deutlich, welche Bedeutung der Methode beizumessen ist, also der korrekten Interpretation des Glaubens. Wie nämlich kann und muss der Glaube richtig interpretiert werden, welche »Hermeneutik« ist dazu notwendig? Damit sollen sich die folgenden Ausführungen befassen.

3. Die Frage nach der Hermeneutik

In seinem Pontifikat hat Papst Benedikt XVI. dieser Fragestellung einen besonderen Wert beigemessen. Ihm war es wichtig, die Brüder im Glauben zu stärken, und dazu ist die richtige Interpretation des Glaubens unerlässlich. Außerdem war er, wie wir bereits gesehen haben, mit den Entwicklungen der Neuzeit bestens vertraut. Daher war ihm klar, dass, wenn der moderne Wissenschaftskanon Anwendung finden sollte, wenn Theologen dazu übergehen sollten, sich einem reduktionistischen Verständnis von Wissenschaft zu unterwerfen, dann der Glaube gefährdet ist, weil er der Willkür unterworfen wird.

Demgemäß hatte Papst Benedikt XVI. diese Schwierigkeit bereits bei seiner ersten Weihnachtsansprache 2005 thematisiert, als er sich an die Mitarbeiter der römischen Kurie wandte.[7] Er fragte ganz nüchtern, was das Ergebnis des letzten Konzils gewesen sei. Daran schloss er die Frage an: »Ist es richtig rezipiert worden? Was war an der Rezeption des Konzils gut, was unzulänglich oder falsch? Was muss noch getan werden?«[8] Damit hatte er die Frage nach der Hermeneutik aufgeworfen, die Frage nach der richtigen Interpretation des Glaubens. Die neuzeitliche Entwicklung vorausgesetzt, die er bereits in seiner *Einführung in das Christentum* beschrieben hatte, wies der Papst auf zwei unterschiedliche Hermeneutiken hin, die die Diskussionen in den Jahren nach dem Zweiten Vatikanischen Konzil bestimmt haben und immer noch bestimmen. Er sagte:

»Die Probleme der Rezeption entsprangen der Tatsache, dass zwei gegensätzliche Hermeneutiken miteinander konfrontiert wurden und im Streit lagen. Die eine hat Verwirrung gestiftet, die andere hat Früchte getragen, was in der Stille geschah, aber immer deutlicher sichtbar wurde, und sie trägt auch weiterhin Früchte. Auf der einen Seite gibt es eine Auslegung, die ich ›Hermeneutik der Diskontinuität und des Bruches‹ nennen möchte; sie hat sich nicht selten das Wohlwollen der Massenmedien und auch eines Teiles der modernen Theologie zunutze machen können. Auf der anderen Seite gibt es die ›Hermeneutik der Reform‹, der Erneuerung des einen Subjekts Kirche, die der Herr uns geschenkt hat, unter Wahrung der Kontinuität; die Kirche ist ein Subjekt, das mit der Zeit wächst und sich weiterentwickelt, dabei aber immer sie selbst bleibt, das Gottesvolk als das eine Subjekt auf seinem Weg. Die Hermeneutik der Diskontinuität birgt das Risiko eines Bruches zwischen vorkonziliarer und nachkonziliarer Kirche in sich. Ihre Vertreter behaupten, dass die Konzilstexte als solche noch nicht wirklich den Konzilsgeist ausdrückten.«[9]

Diese beiden Hermeneutiken können unterschiedlicher nicht sein. Es geht um das richtige Verstehen des Glaubens der Kirche. Es zeigt sich, was auf dem Spiel steht. Eine falsche oder unzulängliche Interpretation würde den Glauben verfälschen oder verwässern, der Weg zum Heil wäre verstellt. Eine korrekte Interpretation hingegen führt zur Erkenntnis der göttlichen Wahrheiten, die befreit (vgl. Joh 8,32). Die sogenannte »Hermeneutik des Bruches« ist zweifellos ein geistiges Kind jener Entwicklung, die in der Moderne begonnen hat. Sie gründet auf dem, was in den beiden Gleichungen *verum quia factum* und *verum quia faciendum* zusammengefasst wurde. Von daher wird verständlich, warum aus dieser Perspektive leichtfertige Brüche mit der Tradition der Kirche in Kauf genommen werden. Denn die zugrunde liegenden Prinzipien gründen auf jenen Reduktionismen, die der Offenbarung, Schrift und Tradition keine normative Kraft mehr zubilligen. Wohin das führt und was daraus folgt, ist wichtig zu verstehen, um schließlich auch Lösungen finden zu können.[10]

III. Ringen um das Verständnis des Glaubens

Die Spannungen innerhalb der Kirche werden fast nirgends so deutlich wie im Hinblick auf die Hermeneutik, d.h. das richtige Verständnis und die Interpretation des Glaubens. Die Problematik an sich ist nicht neu, wie Marianne Schlosser am Beispiel von falscher und wahrer Prophetie bei Thomas von Aquin gezeigt hat. Daher kann es hilfreich sein, einen Blick auf die Art und Weise zu richten, wie in anderen Jahrhunderten damit umgegangen wurde, selbst wenn damals die Ausgangssituation eine andere war, die es immer zu berücksichtigen gilt.

Das 12. Jahrhundert war durch das Erstarken der Orden der Bettelmönche gekennzeichnet. So gab es zahlreiche Bewegungen zur Erneuerung der Kirche. Dies sollte vor allem auf zweierlei Weise geschehen, wobei lediglich auf eine bewährte Methode zurückgegriffen wurde: durch Predigt und das Lebenszeugnis. Doch auf diese Weise wurde der bürgerliche und oft wohl auch verweltlichte Lebensstil des Klerus infrage gestellt. So wirkte schon das Auftreten der Bettelmönche als Provokation und Reaktionen ließen nicht lange auf sich warten. Thomas von Aquin († 1274) war Teil dieser Erneuerungsbewegung und bemüht, den neuen Lebensstil auch intellektuell zu rechtfertigen und plausibel darzulegen. Dabei ging er keineswegs polemisch vor, sondern ausgehend von Schrift und Tradition führte er jene Argumente ins Feld, die es erlaubten, die Debatte auf eine objektive Grundlage zu stellen. Vieles davon ist auch für unsere Zeit von großer Aktualität.

Dem Auftreten der Bettelmönche wurde eine prophetische Dimension zugesprochen, denn sie mahnten und lehrten, sie forderten alle Menschen auf, dem Ruf des Evangeliums zu entsprechen. Doch die Heilige Schrift berichtet auch von falschen Propheten, die die Menschen ins Verderben stürzen und verführen (vgl. 1 Kön 18,16–40), die Dinge lehren, die nicht der Wahrheit Gottes entsprechen. Von diesem Verdacht mussten sich die Bettelmönche so bald wie möglich befreien, andernfalls wäre ihre Mission zum Scheitern verurteilt gewesen, sie wären als Sektierer oder Gnostiker verurteilt worden. Daher war es notwendig, die Debatte um die Erneuerung der Kirche zu versachlichen.

Dieser Aufgabe hat sich der heilige Thomas von Aquin gestellt. Ausgehend von objektiven Kriterien erklärt er, was wahre und was falsche Prophetie ausmacht. Demnach lässt sich die falsche Prophetie durch folgende vier Aspekte charakterisieren: »Entweder ist die verkündete *Lehre* falsch oder die Quelle der Erkenntnis, das heißt die zugrundeliegende *Inspiration*. Es kann auch die *Absicht* des sogenannten Propheten falsch sein, und es kann seine *Lebensführung* falsch sein.«[1]

Es lohnt sich, diesen vier Fehlerquellen Aufmerksamkeit zu schenken, zumal ihnen zu jeder Zeit Aktualität zukommt. Demnach ist eine Lehre dann falsch, wenn die Lehrer der Lüge anhängen so wie Arius und andere, »welche die Lehre Christi verändern wollten«.[2] Versuche, die Lehre Christi zu verändern, hat es immer wieder gegeben. Deshalb schrieb der Apostel Paulus an die Korinther: »Denn vor allem habe ich euch überliefert, was auch ich empfangen habe« (1 Kor 15,3). Dass es sich um eine Veränderung der Lehre handelt, wird besonders offensichtlich, wenn »jemand das Gute böse nennt und das Böse gut, dann ist er ein falscher Prophet«.[3]

Die Kriterien, die der heilige Thomas anführt, beruhen vor allem auf dem Zeugnis der Heiligen Schrift. Im Fall der Baalspropheten (vgl. Jer 2,8) war es nämlich der Teufel, der als Quelle der Inspiration diente, die nicht zur Wahrheit führen kann, weil er nicht in der Wahrheit steht (vgl. Joh 8,44). Marianne Schlosser fasst die Argumentation des Aquinaten zusammen: »Wer nur der menschlichen Argumentation folgt, spricht nur aus seinem eigenen Geist.«[4] Dies jedoch wäre keine Inspiration, sondern bestenfalls Philosophie. Thomas schätzt die philosophische Erkenntnis keineswegs gering, wohl aber rückt er sie an den rechten Platz, denn »es gab viele Philosophen, und vieles sagten sie, was auch den Glauben betrifft, und doch findet man kaum zwei von ihnen, die *einer* Meinung sind! Wer etwas Wahres sagte, sagte es nicht ohne Beimischung eines Irrtums. Jetzt weiß ein einziges altes Weiblein mehr vom Glauben als damals alle Philosophen zusammen. Man kann lesen, dass Pythagoras zuerst ein Faustkämpfer war. Er hörte einen Lehrer über die Unsterblichkeit der Seele disputieren und war dermaßen angezogen davon, dass er alles verließ und sich dem Studium der Philosophie verschrieb. Welches alte Weiblein wüsste heute nicht, dass die Seele unsterblich ist?«[5]

Des Weiteren kann auch die Absicht fehlgeleitet sein. Dies geschieht immer dann, wenn jemand etwas anderes sucht als Gott allein. Daraus folgt: »Wer Bischof ist, hat das Amt der Leitung und der Verkündigung übernommen und muss den Nutzen des Volkes im Auge haben.

Wenn jemand etwas anderes sucht als den Gewinn, der dem bischöflichen Amt eigen ist, bzw. nach eitlem Ruhm strebt, ist er ein falscher Prophet; denn er wahrt nicht die rechte Absicht.«[6] Die Absicht darf folglich nicht durch niedrigere Beweggründe bestimmt werden wie Geld, Anerkennung oder Geltung, etc. Der wahre Nutzen der Verkündigung und damit der eigentliche Auftrag besteht darin, die Heil bringende Botschaft des Evangeliums zu verkünden, »ob gelegen oder ungelegen« (2 Tim 4,2), selbst dann, wenn die Menschen sich lieber nach anderen Kriterien richten. Wer sich hingegen nach dem Zeitgeist richtet, Ansehen oder Gewinn sucht, der verstößt gegen das Wort Gottes und wird zum falschen Propheten.

Der heilige Thomas war Realist genug, um zu verstehen, dass der Glaube keine reine Theorie ist, sondern erst dann im Vollsinn des Wortes zum Glauben wird, wenn Christus im Leben des Gläubigen angenommen wird (vgl. 2 Kol 2,6). Der falsche Prophet lässt sich hingegen dadurch überführen, dass er ein Leben im Widerspruch zu Gottes Geboten führt, die nichts anderes sind als Wegweiser zum ewigen Leben. Das Zeugnis Jesu Christi ist auch aus dieser Perspektive unübertroffen, weil er in Wort und Tat den Vater verherrlicht, denn das Leben ist nicht von der Verkündigung zu trennen.

Diese vier Kriterien lassen sich auch auf das aktuelle Ringen um die rechte Interpretation des Glaubens anwenden. Auf diese Weise ließe sich die Debatte um die prophetische Dimension des Glaubens auf eine objektive Grundlage stellen. Manchmal drängt sich jedoch der Verdacht auf, dass dies deswegen vermieden wird, weil dann offenbar würde, wie viele falsche Propheten sich in den Schafstall des Herrn eingeschlichen haben. Und doch kann auf Dauer kein Weg daran vorbeiführen, denn ohne eine Unterscheidung der Geister kann der Glaube der Einfachen nicht geschützt werden, denn der falsche Hirt kommt, »um zu stehlen, zu schlachten und zu vernichten« (Joh 10,10). Er stiehlt den Glauben in den Seelen der Menschen, indem er falsche Wege aufzeigt, die nicht die Wege Gottes sind und folglich nicht zu Gott führen. Das Gesagte hilft, Klarheit im Hinblick auf die Frage nach der Interpretation des Glaubens zu gewinnen. Deswegen hatte Papst Benedikt eine wichtige Diskussion angestoßen und zwischen einer Hermeneutik der Reform und einer Hermeneutik der Diskontinuität und des Bruches unterschieden.

1. Kontinuität in der Lehre

Auch wenn Papst Benedikt XVI. sich nicht auf jene Prinzipien berief, die der heilige Thomas von Aquin aufgezählt hatte, so lassen sich dennoch beide Sichtweisen zu einer Synthese verbinden. Eine »Hermeneutik der Reform« in der »Erneuerung des einen Subjektes Kirche, die der Herr uns geschenkt hat, unter Wahrung der Kontinuität«,[7] setzt im Großen und Ganzen voraus, diese vier Fehlerquellen zu meiden, von denen der *Doctor Angelicus* gesprochen hat. Weder Lehre, Absicht, Inspiration noch das Leben dürfen im Gegensatz zur geoffenbarten Wahrheit stehen, sonst würde jede Reform zur Farce.

Hinzu kommt jedoch noch ein weiterer Aspekt, der sich mit den genannten vier Fehlerquellen verbindet: der Zweifel. Anders als im Bereich der Philosophie oder bei der säkularen Wissenschaft hat der Zweifel für den Glauben destruktive Folgen. Durch ihn wird das Vertrauen erschüttert oder auf Dauer gar zerstört, wobei es sich dabei um die Grundeigenschaft des Glaubens handelt. Thomas von Aquin hat den Zweifel als Gefahr gebrandmarkt und ihn mit einer geöffneten Zisterne verglichen. Wer eine Zisterne öffnet und diese weder sichert noch abdeckt, der riskiert, dass andere hineinfallen. Dazu Marianne Schlosser: »Thomas brandmarkt das als verantwortungslos und illustriert seine Auffassung mit einem alttestamentlichen Beispiel: Wenn man eine Zisterne gegraben hat und sie nicht abdeckt, das Tier eines anderen aber hineinfällt, ist man daran schuld und restitutionspflichtig.«[8] Ähnlich verhält es sich mit dem Zweifel. Durch ihn stürzt der Gläubige in den Irrtum, er wendet sich ab vom Weg Gottes. Deswegen ist der beharrliche Zweifel im Hinblick auf den Glauben keineswegs eine positive Errungenschaft – anders als ein kritisches Bewusstsein –, sondern gefährlich. Ein derartiges Bewusstsein ist heute fast gänzlich abhandengekommen. Der Zweifel – selbst der systematische Zweifel im Hinblick auf den Glauben – wird als etwas »Positives« dargestellt, während die Klarheit im Glauben unter Verdacht gestellt wird. In Wirklichkeit verhält es sich jedoch genau umgekehrt.

In diesem Kontext ist zu unterstreichen, dass der Lehre der Kirche eine besondere Bedeutung zukommt. Ihre Hauptaufgabe besteht darin, den Zweifel zu überwinden, sie ist die Bedingung und keineswegs der Hemmschuh für einen Fortschritt im Glauben. Dabei ist die Lehre nicht formbar wie ein Kaugummi. Im Gegenteil, was einmal wahr war, kann zu anderen Zeiten nicht falsch sein, sondern was wahr ist, bleibt wahr, weil es wahr ist. Daher dürfen Lehren früherer Zeiten nicht gegen Lehren gegenwärtiger Zeiten ausgespielt werden. Ohne an dieser Stelle auf die Frage nach der Entwicklung der Glaubenslehre näher eingehen zu können,[9] zeigt sich, wie wichtig die lebendige Tradition für die Kirche ist, denn durch sie wird die Lehre tradiert.

Aus diesem Grund ist die Rede von einer vor- und einer nachkonziliaren Kirche schädlich, denn damit würde insinuiert, dass eine neue Kirche entstanden sei. Natürlich gibt es legitime Entwicklungen und Weiterentwicklungen, aber es darf keinen Bruch geben, so als ob es sich heute um eine andere Kirche handeln würde als damals. Schon der Apostel Paulus ist derartigen Tendenzen entgegengetreten, als er schrieb: »Es gibt kein anderes Evangelium, es gibt nur einige Leute, die euch verwirren und die das Evangelium Christi verfälschen wollen. Jedoch, auch wenn wir selbst oder ein Engel vom Himmel euch ein anderes Evangelium verkündeten als das, das wir verkündet haben – er sei verflucht« (Gal 1,8).

Damit hatte der Völkerapostel einen Maßstab gesetzt, der sich in allen Jahrhunderten als gültig erweist. So schrieb beispielsweise Vinzenz von Lérins: »Mit großer Furcht müssen wir uns vor der Sünde einer Veränderung des Glaubens und einer Entweihung der Religion in Acht nehmen, wovon uns nicht nur die Disziplin der kirchlichen Verfassung, sondern auch das strenge Urteil apostolischer Autorität abschreckt. Es ist schließlich allen bekannt, wie hart, wie streng, wie heftig der heilige Apostel Paulus jene angreift, die sich mit befremdlicher Leichtfertigkeit allzu schnell von dem, der sie zur Gnade

Christi berufen hatte, zu einem anderen Evangelium hatten abbringen lassen, obwohl es kein anderes gibt (Gal 1,6f).«[10]

Daher wundert es nicht, dass das Zweite Vatikanische Konzil sich zu eben diesem allzeit gültigen Interpretationskriterium bekannte. So heißt es beispielsweise in der Dogmatischen Konstitution *Dei Verbum* des Zweiten Vatikanischen Konzils: »Darum will die Synode in Nachfolge des Trienter und des Ersten Vatikanischen Konzils die echte Lehre über die göttliche Offenbarung und deren Weitergabe vorlegen, damit die ganze Welt im Hören auf die Botschaft des Heiles glaubt, im Glauben hofft und in der Hoffnung liebt.«[11] Damit wird bekräftigt, dass es wirklichen Fortschritt nur geben kann »unter Berücksichtigung der Kontinuität […], denn sie allein garantiert ein zielorientiertes ›Nach-vorne-Schreiten‹«.[12] Dies wird besonders deutlich mit einem Blick auf die göttliche Offenbarung, die durch keine andere Neuheit übertroffen werden kann, weil sie alle Neuheit in sich birgt.

Papst Benedikt XVI. hat dies als eine »Hermeneutik der Reform« bezeichnet, sie entspricht der Eigenart des Glaubens und eines jeden Konzils, wie Walter Brandmüller ausführt. Denn Konzilien sind »nach vorne, in Richtung auf umfassendere, klarere, aktuellere Lehrverkündigungen offen, nie aber nach rückwärts. Ein Konzil kann seinen Vorgängern niemals widersprechen, es kann ergänzen, präzisieren, weiterführen.«[13] Weil ein Konzil Glied in einer Kette ist, »deren Ende niemand kennt als der Herr der Kirche und der Geschichte. Es kann niemals einen Bruch herbeiführen, es muss in der geistgewirkten Kontinuität bleiben.«[14]

Die Kontinuität in der Lehre und damit in der Wahrheit setzt Treue zum Ursprung voraus. Daher heißt es in *Dei Verbum*: »Die Heilige Überlieferung und die Heilige Schrift bilden den einen der Kirche überlassenen heiligen Schatz des Wortes Gottes. Voller Anhänglichkeit an ihn verharrt das ganze heilige Volk, mit seinen Hirten vereint, ständig in der Lehre und Gemeinschaft der Apostel, bei Brotbrechen und Gebet (vgl. Apg 8,42 griech.), sodass im Festhalten am überlieferten Glauben, in seiner Verwirklichung und seinem Bekenntnis ein einzigartiger Einklang herrscht zwischen Vorstehern und Gläubigen.«[15]

Der Glaube kann nur dann über die Jahrhunderte weitergegeben werden, wenn die Substanz der Lehre erhalten bleibt, wenn sie geschützt und tradiert wird. Entwicklung ist nur möglich als ein tieferes, reineres Erfassen des überlieferten Glaubens in organischer Entfaltung.[16] Daher gehören »Dynamik der Erneuerung« sowie »Wahrung der Identität« zusammen, wie Kurt Koch betont.[17] Henri de Lubac schrieb in seinem Kommentar zur Offenbarungskonstitution: »Erneuerung heißt nicht ›Neuheit‹; ganz im Gegenteil: die älteste und zuverlässigste Tradition hat ihre Kraft wiedergewonnen.«[18] Es ist die Treue zu dieser Neuheit, die zum Garant dafür wird, dass die Kirche ihrer Mission treu bleibt. Es geht um weit mehr als um einen Streit über diese oder jene Methode. Es geht um Wesentliches, zumal die Lehre Jesu Christi untrennbar mit seiner Person verbunden ist.

2. Kirchliche Grundhaltung

De Lubac bezeichnete die Kirche bereits vor dem Beginn des Zweiten Vatikanischen Konzils als Sakrament Christi. Dabei wies er auf die enge Verbindung hin, die zwischen Haupt und Gliedern besteht, die einen einzigen Leib in Christus bilden. Daraus leitete er eine wichtige Konsequenz für das Verständnis und die Interpretation des Glaubens ab: »Wer den Tempel meidet, vernimmt das Wort nicht mehr.« Und er fügt hinzu: »Praktisch ist also für uns Jesus Christus eins mit seiner Kirche, sei es, dass wir vor allem auf die Hierarchie achten, eingedenk der Worte Jesu: ›Wer euch hört, der hört mich, wer euch missachtet, der missachtet mich‹, sei es, dass wir auf den ganzen Leib hinblicken, auf die volle Versammlung, in deren Mitte er thront und sich zeigt, aus deren Schoß der ununterbrochene Lobpreis Gottes in seinem Namen sich erhebt.«[19] Damit ist gesagt, dass es das Wort Gottes nicht losgelöst von der Kirche gibt. Andernfalls bestünde die Gefahr, das göttliche Wort durch menschliche Worte zu ersetzen.[20] Derartige Tendenzen sind zurzeit auf dem Vormarsch, wie das Schreiben der Glaubenskongregation *Placuit Deo* von 2018 verdeutlicht.[21]

Aus diesem falschen Verständnis heraus resultiert der Anspruch, der von gewissen Gruppen erhoben wird, »Kirche-Sein« für sich zu reklamieren, so als ob »wir« Kirche seien. Gerade das Zweite Vatikanische Konzil hat einen gänzlich anderen Weg beschritten und die Zugehörigkeit zur Kirche wie folgt beschrieben: »Jene werden der Gemeinschaft der Kirche voll eingegliedert, die, im Besitz des Geistes Christi, ihre ganze Ordnung und alle in ihr eingerichteten Heilsmittel annehmen und in ihrem sichtbaren Verband mit Christus, der sie durch den Papst und die Bischöfe leitet, verbunden sind, und dies durch die Bande des Glaubensbekenntnisses, der Sakramente und der kirchlichen Leitung und Gemeinschaft.«[22] Daran schließt sich der Satz an: »Nicht gerettet wird aber, wer, obwohl der Kirche eingegliedert, in der Liebe nicht verharrt und im Schoße der Kirche zwar ›dem Leibe‹, aber nicht ›dem Herzen‹ nach verbleibt.«[23]

Wir sind nicht Kirche, wohl aber können wir Teil der Kirche sein, Anteil haben an Christus und an seinem mystischen Leib. Es gehört zur traurigen Wirklichkeit, dass selbst vielen Katholiken ein solches Verständnis fremd geworden ist. Sie haben sich innerlich von der Kirche und der geoffenbarten Wahrheit losgesagt, was sich u. a. darin zeigt, dass sie der kirchlichen Lehre keine Bedeutung zumessen. So erhalten die Worte des hl. Augustinus neue Aktualität, der gesagt hat: »Es sind viele draußen, die drinnen zu sein scheinen; und es sind viele drinnen, die draußen zu sein scheinen. Bei einer Sache wie dem Glauben, der Zugehörigkeit zur katholischen Kirche, ist Innen und Außen geheimnisvoll miteinander verwoben.«[24] Vor allem das Zweite Vatikanische Konzil hat diese innere Zugehörigkeit zur Kirche betont, denn die Kirche ist nicht primär eine Institution, sondern Sakrament des Heils.

Daher lässt sich sagen, dass die innere Annahme Jesu Christi, so wie er sich geoffenbart hat, die Grundbedingung ist, um zur rechten Interpretation des Glaubens zu kommen. Dafür gibt die Kirche den Rahmen vor, beide gründen auf der Wahrheit und führen zur Wahrheit. Die Weitergabe des Glaubens durch die Kirche wird nur dann gelingen, wenn die Kirche an ihrer ureigenen Aufgabe festhält. Sie ist verpflichtet, »das geschriebene oder überlieferte Wort Gottes verbindlich zu erklären«.[25] Dabei ist zu unterstreichen, dass das Lehramt nicht über dem Wort Gottes steht, sondern diesem dient, »indem es nichts lehrt, als was überliefert ist, weil es das Wort Gottes aus göttlichem Auftrag und mit dem Beistand des Heiligen Geistes voll Ehrfurcht hört, heilig bewahrt und treu auslegt und weil es alles, was es als von Gott geoffenbart zu glauben vorlegt, aus diesem einen Schatz des Glaubens schöpft«.[26]

IV. Stein des Anstoßes – die geoffenbarte Wahrheit

Kein Gläubiger kann ernsthaft von sich behaupten, Christ zu sein, wenn er nicht an der Person und der Lehre Jesu Christi festhält, der sich, wie es das Konzil von Nizäa 325 definiert hat, als wahrer Gott und wahrer Mensch als *die* Wahrheit (vgl. Joh 14,6) geoffenbart hat. Er hat für sie Zeugnis abgelegt (vgl. Joh 18,37), mehr noch, er ist für dieses Bekenntnis zur Wahrheit mit seinem Leben eingestanden.

Durch das Leben Christi wird deutlich, dass die göttliche Wahrheit in seiner Person offenbar geworden ist, denn wer ihn sieht, der sieht den Vater (vgl. Joh 14,9). Obwohl die göttliche Wahrheit in keiner Weise aggressiv, gewalttätig oder aufdringlich ist, sondern sich als barmherzige Liebe Gottes (vgl. Lk 1,78) geoffenbart hat, wird sie von nicht wenigen als Bedrohung und als anstößig wahrgenommen; damals wie heute. Dies hängt mit der Eigenart der Wahrheit zusammen, denn die Wahrheit schafft Abgrenzungen zur Lüge und zur Unwahrheit, an ihr scheiden sich die Geister. Dies stellt für die Menschen aller Zeiten eine Herausforderung dar. Anstoß erregt die Wahrheit Gottes auch deswegen, weil sie einen jeden vor die Wahl stellt: »Wer nicht mit mir ist, der ist gegen mich; wer nicht mit mir sammelt, der zerstreut« (Mt 12,30).

So wie Jesus Christus in diese Welt gekommen ist, um für die Wahrheit Zeugnis abzulegen, so ist jeder Christ durch die Taufe dazu ebenfalls berufen: »Und auch ihr sollt Zeugnis ablegen« (Joh 15,27). Dies kann – wenn notwendig – bis zur Hingabe des eigenen Lebens gehen. »Und wer nicht sein Kreuz auf sich nimmt und mir nachfolgt, ist meiner nicht wert« (Mt 10,38). Christ sein bedeutet, den Weg Christi zu gehen. Dies wird nur dann gelingen, wenn man seiner Wahrheit folgt, sie bezeugt und sie in Liebe tut.[1]

1. Unter dem Maßstab der geoffenbarten Wahrheit

Durch alle Jahrhunderte hindurch sind Christen diesem Auftrag nachgekommen und haben den Glauben bezeugt; die große Schar der Heiligen beglaubigt dies auf anschauliche Weise, besonders eindrücklich bezeugen dies die Märtyrer.[2] Zugleich gab und gibt es aber auch jene Christen, die die Aufforderung zum Zeugnisgeben nicht ernst nehmen oder gar ein abschreckendes Zeugnis geben; sei es, indem sie die Wahrheit des Glaubens verraten, sei es, indem sie im Widerspruch zur Wahrheit leben. Schon die Kirchenväter sahen darin das Haupthindernis für die Evangelisierung. So beklagte Johannes Chrysostomus († 407):

»Es gäbe keine Heiden, wenn wir wahre Christen wären, wenn wir die Gebote Christi hielten, wenn wir Unrecht und Benachteiligung ertrügen, wenn wir Beschimpfung mit Segen und Böses mit Gutem vergälten. Niemand wäre dann so empfindlich, dass er nicht alsbald die wahre Religion annähme, wenn wir alle so lebten. Aber dem Geld huldigen wir genau wie sie, ja noch mehr als sie. Vor dem Tod haben wir Angst wie sie. Armut fürchten wir wie sie, Krankheit ertragen wir schwerer als sie. Ehren und hohe Stellungen erstreben wir genauso wie sie, und ebenso wie sie plagt uns der Geiz. Wie sollen sie vom Glauben überzeugt werden? Durch Wunderzeichen? Wunder geschehen nicht mehr. Durch unser Verhalten? Das aber ist schlecht.«[3]

Die Geschichte zeigt, welch zerstörerische Wirkungen das Antizeugnis von Menschen, die sich Christen nennen, entfalten kann. In Zeiten des Wohlstands und des Friedens, in denen sich Christen gemütlich in dieser Welt einrichten, mehren sich gewöhnlich die abträglichen Beispiele. So gilt die Mahnung des Evangeliums: »Leichter geht ein Kamel durch ein Nadelöhr, als dass ein Reicher in das Reich Gottes gelangt« (Mk 10,25). Davon sprach auch der heilige Chrysostomus in seiner Predigt.

Umgekehrt bezeichnete Tertullian das Blut der Märtyrer als Samen für die Christenheit, denn das Blutzeugnis verleiht der Botschaft höchste Glaubwürdigkeit.[4] Das Glaubenszeugnis der Heiligen bleibt über Jahrhunderte Ansporn und Vorbild, auch wenn ihnen Leid und Tod nicht erspart blieben. Während der Diktaturen des vergangenen Jahrhunderts stand die katholische Kirche weitgehend geschlossen gegen die Unrechtsregime, was u. a. die Veröffentlichung der Enzyklika *Mit brennender Sorge* in Deutschland bestätigt.[5] Schon die Tatsache, dass es gelang, dieses päpstliche Schreiben bis zur gleichzeitigen Veröffentlichung in allen Kirchen des Deutschen Reiches geheim zu halten, unterstreicht diese These. Ähnliches lässt sich über die Kirche hinter dem Eisernen Vorhang sagen, die trotz kommunistischer Herrschaft und Repressalien nicht nur viele Berufungen hervorgebracht, sondern auch einen großen Beitrag zum Sturz des Regimes geleistet hat.[6]

Kein Christ wünscht sich Verfolgung und Repressalien, auch wenn diese gegen Christen weltweit stetig zunehmen.[7] Vielmehr sollte sich gerade in Zeiten des Wohlstands und des Friedens das Zeugnis des Christen bewähren.[8] Wenn sich jedoch die Christen von den Sirenen des Wohlstandes und des Zeitgeistes, der Anpassung und Relativierung, des Besserwissens und Selbermachens, der Wissenschaftsgläubigkeit und Gottverleugnung oder wie sie auch heißen mögen betören lassen, dann wird dies misslingen. Die von Homer geschilderte griechische Mythologie über die Sirenen, die Odysseus auf seiner Durchfahrt mit ihren verlockenden Stimmen zu verführen suchten, lässt sich auch auf die Lage vieler Christen in unserer Zeit anwenden.

Diese »Stimmen« aus Wissenschaft und Technik, aus Atheismus und Kapitalismus, aus Synkretismus und Relativismus wollen uns glauben machen, dass es auch ohne Wahrheit – ohne die absolute Wahrheit Gottes – geht. Es sind die Sirenen unserer Tage, deren Stimmen durch die Massenmedien bis in jedes Zimmer und in jede Familie gelangen und auch unter Christen ihre Wirkung entfalten.[9] Odysseus war sich, so beschreibt es Homer, der Gefahr bewusst. Er wollte zwar ihren bezaubernden Gesang hören, aber sich von ihnen nicht ins Verderben ziehen lassen. So hatte er Vorsorge getroffen, sich an den Mast des Schiffes gebunden und erst als er außerhalb der Reichweite ihres Zaubers war, wurden die Seile gelöst.

Viele Gläubige unserer Zeit binden sich nicht an das Dogma, an die definitive Wahrheit Gottes, sondern meinen, sie könnten sich den attraktiven Stimmen der Sirenen des Zeitgeistes ohne Gefahr aussetzen. Dabei sind sie oft unvorbereitet und so unterliegen sie leicht ihrem Zauber. Wer trifft Vorsorge und ist bereit, sich zum eigenen Schutz an die Wahrheit zu binden? Nicht die Wahrheit ist bedrohlich – wie es fälschlicherweise oft dargestellt wird –, sondern von den Stimmen der Sirenen geht die wahre Gefahr aus. Diese Stimmen wollen suggerieren, dass die Bindung an die Wahrheit altmodisch und überflüssig sei, sie widerspreche dem mündigen und selbstbestimmten Christen. So wird eine heile Welt ohne Wahrheit vorgegaukelt, die es aber nicht gibt.

Wer den Stimmen der Sirenen unserer Zeit nicht folgt, der gilt zunehmend als Außenseiter, manchmal gar als Fundamentalist, oder als vorgestrig. Der gesellschaftliche Druck steigt. »Wer einen (Wahrheits-)Anspruch erhebt, stößt meist allein schon deswegen auf Widerstand, weil er überhaupt einen solchen erhebt.«[10] Die Vatikanisten Paolo Rodari und Andrea Tornielli haben die Meinung geäußert, dass dies auch der Grund dafür gewesen ist, dass Benedikt XVI. während seines Pontifikates so starken Widerspruch erlebt hat.[11] Wahrheit hat etwas Anstößiges an sich, für sie Zeugnis abzulegen bedeutet, Opposition zu erfahren.[12] So ist es nicht verwunderlich, dass viele – auch gläubige Christen – sich damit schwertun und lieber den Stimmen der Sirenen Gehör schenken. Doch verbirgt sich dahinter eine alte Versuchung.

2. Die Versuchung, so sein zu wollen wie alle anderen

Im Alten Testament wird der Bund Gottes mit dem Volk Israel beschrieben. Die Besonderheit dieses Bundes besteht darin, dass Gott sich ein Volk erwählt und für das Volk der Primat Gottes zum Unterscheidungskriterium wird. Dies hat seinen vornehmlichen Ausdruck im ersten Gebot gefunden, in dem es heißt: »Du sollst neben mir keine anderen Götter haben« (Ex 20,3). Die Auserwählung Israels und damit der Bundesschluss umfasst folglich zwei Dimensionen: Zum einen ist es Gnade, also Gottes Geschenk an sein Volk; zum anderen verbindet sich damit die Verpflichtung für das Volk, den Primat Gottes bedingungslos anzuerkennen.

Gott ist immer treu, so bestätigt es die Heilige Schrift: »Er ist ein unbeirrbar treuer Gott« (Dtn 32,4). Doch die Geschichte der Menschheit ist gekennzeichnet von Treue und Untreue, von Wahrheit und Lüge. Dies wird besonders deutlich beim Tanz um das Goldene Kalb, als sich das Volk Götzen nach eigenen Vorstellungen schuf und diese anbetete (vgl. Ex 32,1–35).

Ähnliches wiederholt sich zu allen Zeiten, vor allem dann, wenn die Sirenen des Zeitgeistes besonders laut rufen. Ähnliches wird auch im ersten Buch Samuel beschrieben. Das Volk erhebt die Forderung – entgegen der ausdrücklichen Weisung Gottes –, einen König wählen zu wollen. Das Volk trat an Samuel heran mit den Worten: »Darum setze jetzt einen König bei uns ein, der uns regieren soll, wie es bei allen Völkern der Fall ist!« (1 Sam 8,5). Das Ansinnen, wie alle anderen Völker sein zu wollen – heute würde man dies als »Zeitgeist« bezeichnen –, ist nicht neu. Geschwächt durch die Erbsünde, trägt der Mensch eine Neigung zur Sünde in sich. Sie ist Teil der *conditio humana* und macht ihn geneigt, vom Weg Gottes abzuweichen.

In Israel nahmen die Propheten die Aufgabe jener unliebsamen Mahner wahr, die darin bestand, den Menschen ins Gewissen zu rufen, in Treue am Bund Gottes festzuhalten.[13] Damit verbunden war gewöhnlich der Aufruf zu einem Nonkonformismus, weil das außerwählte Volk eben nicht so war noch sein konnte wie alle anderen. So sagte der Prophet Ezechiel: »Niemals soll geschehen, was ihr da sagt: Wir wollen wie die Völker sein, wie die Völkerstämme der Länder, um Holz und Stein zu dienen« (Ez 20,32). Und doch übt die Versuchung, »wie alle anderen« sein zu wollen, eine große Anziehungskraft aus, eben weil es alle anderen auch so machen, weil es in der Gesellschaft Anerkennung findet, weil es den neuen Kriterien entspricht oder weil man kein Außenseiter sein möchte.

Im Hinblick auf die Heil bringende Botschaft Christi würde diese dadurch jedoch Gefahr laufen, verfälscht zu werden: nicht weil sie im Gegensatz zur modernen Wissenschaft stünde, sondern weil sie auf diese Weise ihres übernatürlichen Charakters beraubt und des Primates Gottes verlustig gehen würde. Diese Schwierigkeit wird auch im Neuen Testament an verschiedenen Stellen beschrieben. Als beispielsweise Jesus Christus seine Rede über das Brot des Himmels, die Eucharistie, beendet hatte (vgl. Joh 6,22–59), nahmen viele seiner Jünger, so berichtet der Evangelist Johannes, daran Anstoß; sie hielten seine Aussagen für unerträglich und trennten sich von ihm (vgl. Joh 6,60–66). Überdeutlich wird dies, als Jesus

Petrus mit den Worten zurechtweist: »Ein Ärgernis bist du mir, denn du hast nicht das im Sinn, was Gott will, sondern was die Menschen wollen« (Mt 16,23).

Was Gott will und was »die anderen wollen« steht nicht selten in Widerspruch. Dies wird durch das Skandalon des Kreuzes noch verstärkt. Der Apostel Paulus beschrieb dies mit folgenden Worten: »Wir dagegen verkünden Christus als den Gekreuzigten: für Juden ein Ärgernis, für Heiden eine Torheit, für die Berufenen aber, Juden wie Griechen, Christus, Gottes Kraft und Gottes Weisheit« (1 Kor 1,23–25). Es lohnt sich, diesen Aspekt in zwei Richtungen zu vertiefen, zumal sich darin eine Grundspannung widerspiegelt, die auch für die heutigen Debatten und Diskussionen von Bedeutung ist.

Das Leben und Wirken Jesu Christi zeigt, dass die Wahrheit nicht nur eine große Anziehungskraft besitzt, sondern dass Menschen durch sie auch vor den Kopf gestoßen werden, zumal sie den »Weisen und Klugen« verborgen bleibt (vgl. Mt 11,25). Wie die Passage aus dem Johannesevangelium gezeigt hat, verließen viele Jünger den Herrn, als er ihnen die Wahrheit über die Eucharistie darlegte. Der Tod am Kreuz, als höchstes Zeichen für die Wahrhaftigkeit göttlicher Liebe, verstärkte diese Spannung noch mehr.

Liegt es da nicht nahe, die Härte und Klarheit der Botschaft um des Missionsauftrags willen abzuschwächen, damit die Menschen die Wahrheit Gottes leichter annehmen können? Denn es gilt: »Darum geht und macht alle Völker zu meinen Jüngern; tauft sie auf den Namen des Vaters und des Sohnes und des Heiligen Geistes und lehrt sie, alles zu befolgen, was ich euch geboten habe« (Mt 28,19–20). Wäre es daher nicht besser, die Botschaft

Christi den Gegebenheiten der Zeit anzupassen, damit auch der Mensch von heute sie ohne Schwierigkeit annehmen kann? Muss gleich Verdacht gewittert werden, wenn die Wahrheit »demütig« dargelegt und dabei auf ihren absoluten Charakter verzichtet wird? Wäre das nicht *die* Lösung gerade im Hinblick auf den Dialog mit anderen Religionen, um zu Versöhnung und Harmonie zu gelangen? Solche und ähnliche Vorstöße sind in den letzten Jahren und Jahrzehnten zuhauf unternommen worden.

In einem sehr lesenswerten Buch von Fulton Sheen mit dem Titel *Old Errors and New Labels* warnte der Autor bereits 1931 vor einem Neuheidentum innerhalb der Kirche, das sich immer mehr ausbreite, wenn die gemeinsame Grundlage abhandenkommt oder vernachlässigt wird. Er bemerkte, dass ein komplexer Prozess eingesetzt und in den letzten Jahrhunderten an Fahrt aufgenommen habe. Bei seiner Erklärung geht der später zum Bischof geweihte Sheen von der Parabel des verlorenen Sohns aus (vgl. Lk 15,11–32). Demnach habe der jüngere Sohn – er vergleicht ihn mit der westlichen Zivilisation – sich in den letzten vier Jahrhunderten kontinuierlich vom Erbe des Vaters abgewandt. Jetzt [1931!] sei dieses Erbe nahezu ganz durchgebracht; die einzigen noch geltenden Prinzipien seien »Neuerungen« und »Fortschritt«. Dabei unterstrich Fulton Sheen, dass viele bekannte Persönlichkeiten nichts anderes täten, als einen vagen Humanismus zu glorifizieren, wobei nur noch sehr wenige an den ewigen Wahrheiten festhalten würden. Anders als bei den großen Häresien der ersten Jahrhunderte komme verstärkend hinzu, dass die Existenz Gottes geleugnet werde.[14] Fulton Sheens Analyse ist hilfreich, um die gegenwärtige Situation zu verstehen. Und dennoch gibt es einen gravierenden Unterschied. Anders als in der biblischen Parabel macht der »verlorene Sohn« – die westliche Zivilisation – keine Anstalten, zum Vater zurückzukehren. Noch scheint es ihm zu gut zu gehen, noch leidet er keinen Hunger.

Joseph Ratzinger hatte in den 50er-Jahren eine These vorgebracht, die – vermutlich ohne dass beide Autoren damals voneinander wussten – zur gleichen Schlussfolgerung kam. Er schrieb den viel beachteten Artikel »Die neuen Heiden in der Kirche«. Darin heißt es: »Dieses dem Namen nach christliche Europa ist seit rund vierhundert Jahren zur Geburtsstätte eines neuen Heidentums geworden, das im Herzen der Kirche selbst unaufhaltsam wächst und sie von innen her auszuhöhlen droht. Das Erscheinungsbild der Kirche der Neuzeit ist wesentlich davon bestimmt, dass sie auf eine ganz neue Weise Kirche der Heiden geworden ist und noch immer mehr wird: nicht mehr wie einst Kirche aus den Heiden, die zu Christen geworden sind, sondern Kirche von Heiden, die sich noch Christen nennen, aber in Wahrheit zu Heiden wurden. Das Heidentum sitzt heute [1958!] in der Kirche selbst, und gerade das ist das Kennzeichnende sowohl der Kirche unserer Tage wie auch des neuen Heidentums, dass es sich um ein Heidentum in der Kirche handelt und um eine Kirche, in deren Herzen das Heidentum lebt.«[15]

Der Versuchung nachzugeben, wie alle anderen sein zu wollen, höhlt den Glauben an die geoffenbarte Wahrheit aus. Wenn nämlich alles Anstößige von der Wahrheit entfernt wird, verliert das Salz seinen Geschmack. »Es taugt zu nichts mehr, außer weggeworfen und von den Leuten zertreten zu werden« (Mt 5,13). Der Verzicht auf die göttliche Wahrheit lässt eine Gemeinschaft erstehen, die ggf. sozial und philanthropisch ausgerichtet ist, aber die den Sirenen des Zeitgeistes folgt und dem Neuheidentum Tür und Tor öffnet. Schließlich hat sie den Menschen nichts mehr zu sagen, wenn sie nicht in der Wahrheit steht.

In seiner kurzen Erzählung vom Antichrist hatte Wladimir Solowjew auf etwas Ähnliches hingewiesen. Der Antichrist, so schildert er eindrucksvoll, sollte Ehrendoktor der Theologie an der Universität Tübingen werden. Begründet wurde diese hohe Auszeichnung damit, dass er mithilfe der modernen Bibelkritik die Heilige Schrift dem Maßstab des Zeitgeistes unterworfen hatte.[16]

Damit sollte die eigentliche Problematik deutlich vor Augen getreten sein. Unter dem Vorwand einer falsch verstandenen Wissenschaftlichkeit wird die geoffenbarte Wahrheit menschlichen Kriterien untergeordnet. So bewahrheitet sich, was Papst Benedikt XVI. im ersten Band seiner Trilogie *Jesus von Nazareth* geschildert hat, als er schrieb: »Aus scheinbaren Ergebnissen der wissenschaftlichen Exegese sind die schlimmsten Bücher der Zerstörung der Gestalt Jesu, der Demontage des Glaubens geflochten worden.«[17] Doch dann hat das Salz seinen Geschmack verloren und taugt zu nichts mehr.

V. Gefährdete Wahrheit – gefährdeter Glaube

Vor allem eine objektive und absolute Wahrheit wird in der aktuellen Gesellschaft als Bedrohung für die Freiheit empfunden. Der Relativismus ist längst zur Staatsräson geworden und hat in Windeseile einen Siegeszug gefeiert. Dabei handelt es sich nicht um eine wahrheitsfreie Strömung, wie gerne behauptet wird. Vielmehr wird die Wahrheit nur gänzlich neu definiert. In diesem Fall wird zur Wahrheit erhoben, dass es keine Wahrheit gibt.

Clive Staples Lewis hatte in seinem Buch *Dienstanweisung für einen Unterteufel* den Prozess bereits vorausgesehen, der so etwas ermöglicht. Er schrieb: »Wenn ein Gelehrter irgendeiner Aussage eines früheren Autors begegnet, dann ist die eine Frage, die er nie stellen wird, die, ob sie wahr ist. Er fragt, wer den antiken Verfasser beeinflusst hat, wie diese Aussage mit dem übereinstimmt, was er in andern Büchern sagt, und welche Entwicklungsphase des Schreibenden oder der allgemeinen Geschichte des Denkens erläutert wird und wieweit sie spätere Denker beeinflusst haben und wie oft sie falsch verstanden worden sind (besonders von den eigenen Kollegen des Gelehrten), welche Richtung die allgemeine Kritik in dieser Frage im Laufe der letzten zehn Jahre eingeschlagen hat und welches der ›gegenwärtige Stand der Frage‹ ist.«[1]

Was C. S. Lewis beschreibt, ist in der Theologie zur Modeerscheinung geworden, und zwar seit Jahrzehnten. Es werden alte und neue Theorien und Hypothesen gelehrt und studiert, es finden die Lebensumstände, die »neuesten« Erkenntnisse der Humanwissenschaften, historisch-kritische Methoden und vieles mehr Eingang, aber die große und wichtige Frage nach der Wahrheit wird größtenteils ausgeklammert. Doch auf diese Weise verläuft sich der Mensch, denn wie kann er den wahren Weg finden, wenn die Frage nach der Wahrheit ausgeklammert wird? Wenn nicht mehr die geoffenbarte Wahrheit im Zentrum der kirchlichen Verkündigung steht, hätte sie nichts mehr zu sagen. Dann würde nur noch die Devise gelten: »Tu, was du willst!«

Weil eine derartige Geisteshaltung als »wissenschaftlich« galt und sich des Zuspruchs des Mainstreams erfreute, konnte sie sich den Weg bis hinein in die Kirche bahnen. Um diesen Anspruch auf »Wissenschaftlichkeit« aufrechtzuerhalten, haben sich auch viele kirchliche Vertreter davon anstecken lassen, was zur Relativierung der Wahrheit geführt hat. Aber was bedeutet dies für den Glauben? Lassen sich leichtfertig Abstriche von der Wahrheit in Kauf nehmen?

Mit dieser Problematik war Kardinal Joseph Ratzinger bestens vertraut. Ihm war die Tragweite einer solchen Entwicklung bewusst und zu verschiedenen Gelegenheiten hat er sich diesbezüglich geäußert. Am eingängigsten wird seine Predigt in Erinnerung bleiben, die er zur Vorbereitung auf die Wahl des Papstes im Jahr 2005 gehalten hat. Damals sagte er: »Wie viele Glaubensmeinungen haben wir in diesen letzten Jahrzehnten kennengelernt, wie viele ideologische Strömungen, wie viele Denkweisen … Das kleine Boot des Denkens vieler Christen ist nicht selten von diesen Wogen zum Schwanken gebracht, von einem Extrem ins andere geworfen worden: vom Marxismus zum Liberalismus bis hin zum Libertinismus; vom Kollektivismus zum radikalen Individualismus; vom Atheismus zu einem vagen religiösen Mystizismus; vom Agnostizismus zum Synkretismus, und so weiter. Jeden Tag entstehen neue Sekten, und dabei tritt ein, was der hl. Paulus über den Betrug unter den Menschen und über die irreführende Verschlagenheit gesagt hat (vgl. Eph 4,14). Einen klaren Glauben nach dem Credo der Kirche zu haben, wird oft als Fundamentalismus abgestempelt, wohingegen der Relativismus, das sich ›vom Windstoß irgendeiner Lehrmeinung Hin-und-hertreiben-Lassen‹, als die heutzutage einzige zeitgemäße Haltung erscheint. Es entsteht eine Diktatur des Relativismus, die nichts als endgültig anerkennt und als letztes Maß nur das eigene Ich und seine Gelüste gelten lässt.«[2]

Die Worte »Diktatur des Relativismus« lösten ein großes mediales Echo aus. Selten zuvor wurde die Gefahr, die durch den Verzicht auf Wahrheit entsteht, so deutlich benannt. Kardinal Ratzinger sah darin nicht nur eine Bedrohung für die Kirche und den Glauben, sondern auch für die Fundamente der Gesellschaft. Daher lohnt es sich, diesem Thema mehr Raum zu geben.

1. Der Relativismus – bedrohter Glaube und verlorene Orientierung

Der Relativismus nimmt aktuell immer radikalere Formen an. Dies zeigt sich u. a. in der sogenannten Genderideologie.[3] Andere Ansichten oder Meinungen, so gut sie auch begründet sein mögen, dürfen kaum mehr zu Wort kommen, es drohen horrende Strafen. Es geht zunehmend darum, einer ideologischen Agenda zu folgen und deren Prämissen nicht nur zu tolerieren, sondern sie gar zu akzeptieren. Diese Entwicklung ist in den letzten Jahrzehnten rasant beschleunigt worden und wird immer mehr zur Bedrohung sowohl für die Freiheit des Glaubens als auch für die Freiheit der Gesellschaft. Wenn nämlich nichts mehr gilt, dann lösen sich sowohl der Glaube als auch die Gesellschaft auf.

Um diese Entwicklung richtig einordnen zu können, erweist sich ein Blick in die Geschichte als hilfreich. Vor mehr als 100 Jahren galt der Modernismus, der sich durch ein Infragestellen der Wahrheit ganz allgemein beschreiben lässt, als Bedrohung für den Glauben, gegen den sich die Kirche vehement verteidigte. Dennoch war es unmöglich, diese Entwicklung zu stoppen oder gar umzudrehen. Daher überrascht es wenig, dass Papst Pius XII. bereits 1939 den Relativismus als eine neue Spielart des Modernismus bezeichnete.[4] Die tragischen Ereignisse der beiden Weltkriege haben dabei wie ein Katalysator gewirkt, zumal die Unrechtsregime des vergangenen Jahrhunderts mit dem Anspruch auftraten, absolute Prinzipien zu vertreten, die jedoch durch die jeweiligen Ideologien pervertiert waren. Nach deren Zusammenbruch und mit einem gewissen zeitlichen Abstand entstand eine Art Gegenbewegung, die in das andere Extrem fiel. So entstand eine Tendenz, die von Medien und einflussreichen Lobbys gefördert wurde und die die objektive Wahrheit, Prinzipien und Werte ablehnte. An deren Stelle trat, was man selbst wollte, das eigene »Ich«. Es entstand eine relativistische Mentalität, losgelöst von tragenden Grundlagen.

In seinen weitsichtigen Analysen stellte Romano Guardini fest, dass der Protestantismus dem Relativismus zusätzlich Aufschub verliehen hatte. In seinem Buch *Vom Geist der Liturgie* wies er auf eine Geistesverwandtschaft zu Kant hin und zu dessen philosophischen Prämissen. Er schrieb: »Dieser Geist hat die feste religiöse Wahrheit schrittweise aufgegeben, die Überzeugung immer mehr zur Sache des persönlichen Urteilens, Fühlens und Erlebens gemacht. Die Wahrheit glitt so aus dem Bereich des Gegenständlich-Feststehenden in den des Subjektiv-Fließenden.«[5] Auch wenn der Entstehung und der Ausbreitung des Relativismus hier nicht weiter nachgegangen zu werden braucht, so wird deutlich, dass die Auswirkungen für den Glauben weitreichend sind. Kardinal Gerhard Ludwig Müller bemerkte, dass der Relativismus unvermeidlich zur Intoleranz im Hinblick auf Gott führe, der sich als die Wahrheit geoffenbart hat.[6] Wenn es zur »Entthronung der Wahrheit« kommt, dann auch zur Entthronung Jesu Christi.[7] So entsteht keineswegs eine freiere Gesellschaft oder Kirche, vielmehr wird das Vakuum durch immer neue Absolutismen gefüllt. An die Stelle objektiver Grundlagen treten wandelbare Meinungen oder Mehrheitsbeschlüsse, die gewöhnlich von einflussreichen Lobbys vorgegeben werden.

Diese Problematik zeigt sich – wie schon im 1. Kapitel erwähnt – besonders deutlich in bioethischen Debatten, die das menschliche Leben am Beginn oder am Ende betreffen. Die Maxime, dass mehr technischer Fortschritt auch einer gesteigerten ethisch-moralischen Verantwortung bedarf, wird längst nicht mehr eingelöst. Wenn jedoch absolute Normen nicht mehr anerkannt werden, weil alles relativ ist, wie lässt sich dann die unantastbare Würde eines jeden Menschen garantieren? Wie dieses einfache Beispiel zeigt, ist mit dem Verzicht auf Wahrheit, vor allem wenn es um die großen Themen des Lebens geht wie die unantastbare Menschenwürde, nichts gewonnen. Im Gegenteil, auf diese Weise wird Tür und Tor für Willkür und Manipulation geöffnet.

Die Gründungsväter der Bundesrepublik Deutschland hatten ihre Lehren aus dem Zweiten Weltkrieg gezogen. Sie waren bemüht, die Grundrechte so zu verankern, dass sie vor einer Gruppe wie auch vor einer demokratischen Mehrheit geschützt werden. Daher wurde der Gottesbezug – selbstverständlich ging man vom christlichen Gottesbild aus – in der Präambel des Grundgesetzes festgeschrieben. Von diesem Gottesbezug ist heute jedoch ein Großteil der Politiker abgerückt. Denn der Bezug auf Gott ist weit mehr als ein kulturelles Erbe; es geht um die christliche Identität. Damit verbindet sich wiederum jenes Menschenbild, das einen jeden Menschen als Abbild Gottes (vgl. Gen 1,27) versteht, weil jeder Mensch als Mensch eine innewohnende unantastbare Menschenwürde hat. Somit bildet gerade der Gottesbezug »ein Gegengewicht gegen jede Hybris einer Selbstvergötterung menschlicher Vernunft«. Udo Di Fabio kommentiert die Präambel des Grundgesetzes mit folgenden Worten: »Die Väter und Mütter des Grundgesetzes hatten wenige Jahre nach Ende des Zweiten Weltkrieges die erschütternde Unmenschlichkeit, die größte moralische Katastrophe ihres Volkes vor Augen. Sie wussten: Jede geistige und politische Konstruktion, die diese Demut vor Gott verlacht, die die Symbole einer zweitausendjährigen Kulturgeschichte missachtet und sich allein auf die Evidenz ihrer jeweiligen tagesaktuellen Überzeugungen verlässt, führt die Menschen in gefährliche Irrtümer.«[8]

Wenn man diese Analyse ernst nimmt, so scheint Europa wenig aus der leidvollen Geschichte gelernt zu haben, denn ein Abrücken von der biblischen Wahrheit und dem damit verbundenen Gottesbild führt automatisch zu einem veränderten Menschenbild.[9] Wenn eine normative Wahrheit abgelehnt wird, sind die Auswirkungen auf die Ethik und Moral kolossal. Wenn nämlich die Wahrheit über Gott und den Menschen verdunkelt wird, wo vermag dann der Mensch Orientierung zu finden? Genau darauf hat das Zweite Vatikanische Konzil mit prägnanten Worten hingewiesen; dort heißt es: »Wird aber mit den Worten ›Autonomie der zeitlichen Dinge‹ gemeint, dass die geschaffenen Dinge nicht von Gott abhängen und der Mensch sie ohne Bezug auf den Schöpfer gebrauchen könne, so spürt jeder, der Gott anerkennt, wie falsch eine solche Auffassung ist. Denn das Geschöpf sinkt ohne den Schöpfer ins Nichts.«[10]

Hier zeigt sich, warum der Relativismus eine so große Gefahr für Gesellschaft und Glaube ist, denn deren Grundlagen werden infrage gestellt bzw. aufgelöst. So wird der Ast abgesägt, auf dem man sitzt. In der Folge entsteht ein »schwaches Denken«. Nicht mehr die Kraft des Argumentes zählt, sondern das unhinterfragte Anhangen an gewisse Prämissen, die vorgegeben werden. Schließlich muss sich der Relativismus schützen, weil sonst zu leicht erkennbar wird, dass er als philosophische Position unhaltbar ist. So entwickeln dessen Vertreter gewöhnlich ein immer feinmaschigeres Netz von Verboten und Einschränkungen, sodass sich nach und nach eine Diktatur etabliert. Wie weit diese Entwicklung inzwischen gekommen ist, zeigt ein Blick auf die gesellschaftlichen Tabus, die immer mehr zunehmen. Es genügt, die Lehre der katholischen Kirche im Hinblick auf moraltheologische Themen zu vertreten, wie sie im *Katechismus der Katholischen Kirche* definiert werden, und in vielen Ländern des Westens drohen Repressalien. Im US-Bundesstaat Utah wurde die Heilige Schrift von einem Schulbezirk im Juni 2023 auf den Index der verbotenen Bücher gesetzt. Dies betraf die Bibliotheken der Grund- und Mittelschulen.[11] Es wird immer deutlicher, dass die Wahrheit ernsthaft bedroht ist und sich als Folge die Willkür den Weg bahnt.

2. Die befreiende Wirkung der Wahrheit

Im Gegensatz dazu ist das Bekenntnis zur Wahrheit für jeden Christen ein Muss, denn Jesus Christus hat sich als *die* Wahrheit geoffenbart. Sie ist keine drückende Last, vielmehr kommt ihr eine befreiende Wirkung zu: »Da sagte er [Jesus] zu den Juden, die an ihn glaubten: Wenn ihr in meinem Wort bleibt, seid ihr wahrhaft meine Jünger. Dann werdet ihr die Wahrheit erkennen und die Wahrheit wird euch befreien« (Joh 8,31f). Was ist damit gemeint?

Wer den Anspruch auf Wahrheit, auf ausgesagte und verständliche Wahrheit wegnimmt, erweist dem Menschen in Wirklichkeit keinen Dienst. Denn der Verzicht auf Wahrheit ist keine Demut, sondern »jene falsche Bescheidenheit, die das Gegenteil von Demut ist – Nichtannahme der condition humaine, sondern Verzicht auf die Würde des Menschseins«.[12] Umgekehrt setzt die Annahme von Wahrheit jene Demut voraus, ohne die ein Verstehen nicht möglich ist. Es geht darum, die eigene Position nicht absolut zu setzen, sondern sich (der Wahrheit) unterzuordnen, die man nicht selbst macht oder definiert, sondern die man nur finden kann. Auf diese Weise wird die Wahrheit zum Weg (vgl. Joh 14,6), ein Weg, der deswegen befreiend wirkt, weil die Last der Lüge und der Unwahrheit, die Last der Sünde und der Schuld abgelegt wird. Was aber kann helfen, die Wahrheit zu erkennen und ihr zu folgen?

Während seiner Apostolischen Reise nach Deutschland im September 2011 hat Papst Benedikt XVI. in Freiburg im Breisgau eine Ansprache vor engagierten Katholiken gehalten, die einen Lösungsansatz vorschlägt. Er benannte die aktuelle Krise und forderte eine tiefgreifende »Entweltlichung« der Kirche. Er sagte: »Umso mehr ist es wieder an der Zeit, die wahre Entweltlichung zu finden, die Weltlichkeit der Kirche beherzt abzulegen. Das heißt natürlich nicht, sich aus der Welt zurückzuziehen, sondern das Gegenteil. Eine vom Weltlichen entlastete Kirche vermag gerade auch im sozial-karitativen Bereich den Menschen, den Leidenden wie ihren Helfern, die besondere Lebenskraft des christlichen Glaubens zu vermitteln. ›Der Liebesdienst ist für die Kirche nicht eine Art Wohlfahrtsaktivität, die man auch anderen überlassen könnte, sondern er gehört zu ihrem Wesen, ist unverzichtbarer Wesensausdruck ihrer selbst‹ (Enzyklika *Deus caritas est*, 25). Allerdings haben sich auch die karitativen Werke der Kirche immer neu dem Anspruch einer angemessenen Entweltlichung zu stellen, sollen ihr nicht angesichts der zunehmenden Entkirchlichung ihre

Wurzeln vertrocknen. Nur die tiefe Beziehung zu Gott ermöglicht eine vollwertige Zuwendung zum Mitmenschen, so wie ohne Zuwendung zum Nächsten die Beziehung zu Gott verkümmert.«[13]

Diese Aussagen des Papstes stießen auf keine Gegenliebe. Dabei hatte er lediglich angeregt, sich nicht dem Zeitgeist anzupassen, weil sonst die Gefahr besteht, dass der Bezug zur Wahrheit verloren geht. Kardinal Kurt Koch verbindet damit eine Abkehr von der Selbstzufriedenheit und der Besitzstandswahrung; dies könne aber nur dann gelingen, wenn es zu einer Erneuerung des Glaubens komme, wenn die Wahrheit des Glaubens gekannt, anerkannt und bekannt wird.[14] Daher gilt zu allen Zeiten die Mahnung des ersten Johannesbriefes: »Liebt nicht die Welt und was in der Welt ist! Wer die Welt liebt, in dem ist die Liebe des Vaters nicht. Denn alles, was in der Welt ist, die Begierde des Fleisches, die Begierde der Augen und das Prahlen mit dem Besitz, ist nicht vom Vater, sondern von der Welt. Die Welt vergeht und ihre Begierde; wer den Willen Gottes tut, bleibt in Ewigkeit« (1 Joh 2,15–17).

Die aktuelle Glaubens- und Kirchenkrise ist im Tiefsten eine Wahrheitskrise, denn ohne objektive Wahrheit wird der Glaube hinfällig. Entweltlichung bezeichnet den zu allen Zeiten notwendigen Ruf nach Umkehr, um offen zu werden für die rettende Wahrheit, die sich in Jesus Christus geoffenbart hat. Gregor der Große war sich der Bedeutung der Wahrheit bewusst und machte eine Aussage, die nicht falsch verstanden werden darf: *Melius est, ut scandalum oriatur, quam ut veritas relinquatur.* Auf Deutsch: Besser es gibt einen Skandal, als dass die Wahrheit zu kurz kommt.[15] Der eigentliche Skandal ist nämlich das Abrücken von der Wahrheit, dem besten Schutz gegen jeden Skandal. In einer Zeit anhaltender Krisen und Kriege, des Auseinanderbrechens von tragenden Grundpfeilern, vielfältiger Verletzungen der Menschenwürde und zunehmender Spannungen ist es ein Gebot der Stunde, den Menschen die Wahrheit nicht vorzuenthalten. So heißt es in der Enzyklika *Lumen fidei*: »Der Mensch braucht Erkenntnis, er braucht Wahrheit, denn ohne sie hat er keinen Halt, kommt er nicht voran. Glaube ohne Wahrheit rettet nicht, gibt unseren Schritten keine Sicherheit. […] Aber gerade durch seine innere Verbindung mit der Wahrheit ist der Glaube fähig, ein neues Licht zu bieten, […] weil es weiter sieht, denn es versteht das Handeln Gottes, der seinem Bund und seinen Verheißungen treu ist.«[16]

Es gehört zu den großen Herausforderungen unserer Zeit, die Wahrheitsfrage neu zu stellen und die befreiende Wirkung der Wahrheit wiederzuentdecken. Denn die Wahrheit ist das Licht, das in der Finsternis leuchtet (vgl. Joh 1,5). Dieses Licht den Menschen zukommen zu lassen, ist ein Werk der Barmherzigkeit.

VI. Die Bedeutung der Wahrheit für den Glauben

Papst Benedikt XVI. stellte sein Wirken und Arbeiten unter das aus dem dritten Johannesbrief entlehnte Motto: »Mitarbeiter der Wahrheit« (3 Joh 1,8). Dabei war ihm klar: Wer die Wahrheit sagt, lebt gefährlich. Das beste Beispiel dafür ist Jesus Christus, der – vor Pontius Pilatus stehend – sagte: »Ich bin dazu geboren und dazu in die Welt gekommen, dass ich für die Wahrheit Zeugnis ablege. Jeder, der aus der Wahrheit ist, hört auf meine Stimme« (Joh 18,37). Der Preis, den sein Zeugnis forderte, war sehr hoch, denn der Herr stand mit seinem Leben für die Wahrheit, die er selbst ist, ein, er starb am Kreuz. Weil es zu allen Zeiten eine Herausforderung ist, die Wahrheit zu sagen, schrieb schon der Apostel Paulus an Timotheus, dass eine Zeit kommen wird, »in der man die gesunde Lehre nicht erträgt, sondern sich nach eigenen Begierden Lehrer sucht, um sich die Ohren zu kitzeln; und man wird von der Wahrheit das Ohr abwenden, sich dagegen Fabeleien zuwenden« (2 Tim 4,3–4). Für jeden, der in der Wahrheit verbleibt, gilt, dass der »Sklave nicht größer als sein Herr und der Abgesandte […] nicht größer als der [ist], der ihn gesandt hat« (Joh 13,16).

Dieses Grundverständnis ist entscheidend für jeden Christen oder sollte es sein, denn niemand besitzt die Wahrheit, bestenfalls kann der Mensch daran Anteil erhalten. Dies hatte Benedikt XVI. zum einen darin zum Ausdruck gebracht, dass er sich als einfachen und bescheidenen »Arbeiter im Weinberg des Herrn« bezeichnete.[1] Zum anderen sagte er bei der Predigt zur Amtseinführung, dass sein Regierungsprogramm darin besteht, »nicht meinen Willen zu tun, nicht meine Ideen durchzusetzen, sondern gemeinsam mit der ganzen Kirche auf Wort und Wille des Herrn zu lauschen und mich von ihm führen zu lassen, damit er selbst die Kirche führe in dieser Stunde unserer Geschichte«.[2] Damit ist bereits das benannt, worum es in diesem Kapitel geben soll: Es geht um die Wahrheit des Glaubens, um die Offenbarung und die Annahme derselben im Glauben.

So gilt es zu zeigen, warum die Wahrheit des Glaubens so wichtig und was unter Wahrheit zu verstehen ist. Schon jetzt dürfte deutlich geworden sein, dass es nicht um philosophische Spitzfindigkeiten geht, sondern um das, was für den Glauben grundlegend ist.

1. Offenbarung als Wahrheit des Glaubens

Die Wahrheit hat es nicht leicht in der heutigen Zeit. Warum viele Menschen mit der Wahrheit etwas Negatives assoziieren, kann hier nicht untersucht werden, manches wurde in den Kapiteln zuvor bereits angedeutet. Dennoch gehören Wahrheit und Glaube untrennbar zusammen, zumal die christliche Offenbarung sich als die Wahrheit versteht. Daher wird im Folgenden ein Blick auf das Zentrum des christlichen Glaubens gerichtet werden: die Offenbarung. Dabei lohnt es sich, auf die Ausführungen von Joseph Ratzinger/Benedikt XVI. zurückzugreifen, der wie kaum ein anderer zu diesem Thema weiterführende Beiträge verfasst hat.

Um die folgenden Gedanken besser zu verstehen, erweist sich eine Einordnung in den Kontext der Zeitgeschichte als hilfreich. Der Erzbischof von Köln, Kardinal Frings (†1978), hatte einen der jüngsten Professoren der Fakultät in Bonn, Joseph Ratzinger, gebeten, ihn während des Zweiten Vatikanischen Konzils (1962–1965) als Berater zu begleiten. Auch wenn an der Fakultät ältere, wohl auch erfahrenere Professoren waren, fiel seine Wahl auf einen Priester, der Anfang dreißig war. Dafür gab es verschiedene Gründe wie seine menschlichen, geistigen und intellektuellen Qualitäten. Zudem hatte er sich im Hinblick auf wichtige Themen, die auf dem Konzil verhandelt werden sollten, wie die Offenbarung, qualifiziert.

So wurde in den Jahren des Konzils um das rechte Verständnis von Offenbarung gerungen. Wie ist Offenbarung zu verstehen, wie lässt sie sich erkennen? Mit dem Offenbarungsverständnis steht und fällt eine Religion, es ist das zentrale Thema. Selbst die Erneuerung des Glaubens und der Kirche wird nur dann gelingen können, wenn das Verständnis von Offenbarung geklärt ist und den Gläubigen zugänglich gemacht wird. Es geht also um *den* Bezugspunkt für den Glauben, für die Theologie und für die Kirche.

In den Jahren vor dem Zweiten Vatikanischen Konzil waren vor allem deutschsprachige Theologen damit beschäftigt, neue Ansätze im Hinblick auf das Verständnis von Offenbarung zu erschließen. Auch Joseph Ratzinger hatte in seiner Qualifikationsschrift – der Habilitation[3] – wichtige Vorarbeiten geleistet. Am 10. Oktober 1962, am Vorabend der Eröffnung des Zweiten Vatikanischen Konzils, wurde der junge Professor Ratzinger gebeten, vor den deutschsprachigen Bischöfen in der Pfarrei »Santa Maria dell'Anima« zum Thema »Offenbarung« zu referieren, wobei er auf das Schema Bezug nahm, das während des Konzils zur Debatte stehen sollte. Er bot einen Überblick und stellte in der Gesamtschau die damals vorherrschenden Meinungen dar.

Auf der einen Seite wurde – in Anlehnung an die Aussagen des Konzils von Trient – die Meinung vertreten, Offenbarung sei gleichzusetzen mit der Heiligen Schrift, denn alles »zum Glauben Notwendige sei auch in der Schrift allein enthalten«.[4] Mit dieser theologischen Meinung, die sich in der deutschsprachigen Theologie weiter Verbreitung erfreute, verband sich der Name des Tübinger Dogmatikers Josef Rupert Geiselmann († 1970). Auf der anderen Seite – und diese Meinung wurde vor allem in Rom vertreten – galt die Annahme, die Offenbarung sei in Schrift und Tradition enthalten, so, »dass Teile der Offenbarung *nur* in der Überlieferung gegeben sind, dass die Überlieferung ein inhaltliches Plus gegenüber der Schrift zu bieten hat, Worte, die nicht aufgeschrieben, sondern nur von Hand zu Hand in der Kirche weitergegeben wurden«.[5] Wie so oft, gelang es auch hier Professor Ratzinger, nicht nur die komplexe Situation klar zu umreißen, sondern auch Lösungen vorzuschlagen. In diesem Fall fanden seine Lösungsansätze Eingang in das Konzil.

In seiner Analyse kritisiert er den Titel des Schemas *De fontibus revelationis* (Von den Quellen der Offenbarung). Das Schema entspreche zwar dem, was in den gängigen Lehrbüchern geschrieben werde, jedoch werde es der Wirklichkeit der Offenbarung nicht gerecht. In seinen Ausführungen sagte er: »In Wirklichkeit sind ja nicht

Schrift und Überlieferung die Quellen der Offenbarung, sondern die Offenbarung, das Sprechen und Sich-selbst-Enthüllen Gottes ist der *unus fons* [die einzige Quelle], aus dem die beiden *rivuli* [Ströme] Schrift und Tradition hervorfließen.«[6] Diese Aussage ist von größter Bedeutung, weil sie Licht auf das Offenbarungsverständnis der katholischen Kirche wirft.

Die Quelle der Offenbarung ist demnach weder Schrift noch Tradition, sondern das Sichenthüllen Gottes. Offenbarung ist lebendig und untrennbar verbunden mit Gott, der sich in ihr und durch sie enthüllt. Damit werden Schrift und Tradition keineswegs abgewertet, schließlich wird durch sie die Offenbarung für uns erkennbar. Aber so viel Schrift und Tradition auch zum Erkennen des Geheimnisses Gottes beitragen mögen, der Gläubige bleibt immer weit dahinter zurück, weil Offenbarung mehr ist.

Eine Sache ist also die Art und Weise, wie wir die Offenbarung erkennen (durch Schrift und Tradition), eine andere ist die Offenbarung selbst. Schon 1962 lenkte Joseph Ratzinger den Blick auf das Wesentliche, als er vor den versammelten deutschsprachigen Bischöfen die Forderung erhob: »Der Titel ›De fontibus revelationis‹ ist abzuändern in ›De revelatione‹ oder ›De verbo Dei‹.«[7] Und genau das war das Ergebnis langen Ringens während des Zweiten Vatikanischen Konzils. Die dogmatische Konstitution über die göttliche Offenbarung trägt den lateinischen Titel *Dei Verbum*.

Offenbarung ist nämlich nicht, so schrieb Joseph Ratzinger in seiner Autobiografie, wie ein »auf die Erde gefallener Meteor, der nun als eine Gesteinsmasse irgendwo herumliegt, wovon man Gesteinsproben nehmen, ins Labor tragen und dort analysieren kann«.[8] Vielmehr ist

Offenbarung »das Zugehen Gottes auf den Menschen« und folglich »immer größer als das, was in Menschenworte gefasst werden kann, größer auch als die Worte der Schrift«.[9] Das Zugehen Gottes auf den Menschen ist in Jesus Christus geschehen und kann an Konkretheit nicht überboten werden. Diese christologische Grundlegung, die sich durch die Begegnung mit dem lebendigen Gott erschließt, ist die Grundlage für die Theologie und lässt verständlich werden, was Wahrheit ist.

2. Jesus Christus als die Wahrheit

Weil die Offenbarung in Jesus Christus Fleisch geworden ist, ist sie konkret. Daher geht es im Glauben keineswegs um Meinungen, Hypothesen oder Theorien, sondern um Gewissheiten. Sie geben Antwort auf jene Frage der menschlichen Existenz, die sich der Mensch nicht allein geben kann, weil sie den Bereich der Vernunft übersteigt. In der Offenbarung kommt Gott uns Menschen entgegen und enthüllt, was uns auf natürliche Weise verborgen bliebe. Dabei richtet sich die Offenbarung an den Verstand und das Herz des Menschen, denn Gott will, »dass alle Menschen gerettet werden und zur Erkenntnis der Wahrheit gelangen« (1 Tim 2,4). Die Wahrheit, die mit dem Verstand erkannt wird, ist die Bedingung für deren Annahme mit dem Willen. Damit die geoffenbarte Wahrheit also angenommen werden kann, muss sie zunächst bekannt sein. Offenbarung aus christlicher Perspektive ist keine Buchoffenbarung, noch ist sie vergleichbar mit einer Philosophie, sondern es geht um eine personale Wahrheit, die sich in Jesus Christus geoffenbart hat.

Eine rein abstrakte und theoretische Wahrheit kann nicht retten, wohl aber jene Wahrheit, die sich in der Person Jesu Christi geoffenbart hat. In seiner Eschatologie, der Lehre von den letzten Dingen, schreibt Joseph Ratzinger: »Platon hatte erkannt, dass die Unsterblichkeit nur von dem kommen kann, was unsterblich *ist*, von der Wahrheit, und dass für den Menschen daher die Hoffnung des ewigen Lebens in seiner Beziehung zur Wahrheit gründet. Aber die Wahrheit blieb letztlich ein Abstraktum. Als dann derjenige in die Welt trat, der von sich sagen konnte ›Ich bin die Wahrheit‹ (Joh 14,6), war auch die Bedeutung dieser Aussagen von Grund auf verändert. Die Formel, dass die Wahrheit Unsterblichkeit gibt, konnte ungeschmälert aufrechterhalten werden, aber sie war nun zusammengeschmolzen mit der anderen Formel: ›Ich bin die Auferstehung und das Leben. Wer an mich glaubt, wird leben, auch wenn er schon gestorben ist […]‹ (Joh 11,25).«[10]

Hier zeigt sich der tiefste Grund, warum die Wahrheit für den christlichen Glauben unverzichtbar ist. Denn wer in der Wahrheit bleibt, der bleibt in Gott und Gott bleibt in ihm. Diese Wahrheit ist weit mehr als eine Theorie, sie ist die alles entscheidende Wirklichkeit. Dazu heißt es im dritten Johannesbrief, dass wir dieser Wahrheit verpflichtet sind, »damit auch wir zu Mitarbeitern für die Wahrheit werden« (3 Joh 1,8).

In seiner Enzyklika über die christliche Hoffnung hatte Benedikt XVI. eindrucksvoll beschrieben, was dies bedeutet. Er sagte: »Er [Jesus Christus] sagt uns, wer der Mensch wirklich ist und was er tun muss, um wahrhaft ein Mensch zu sein. Er zeigt uns den Weg, und dieser Weg ist die Wahrheit. Er selbst ist beides und daher auch das Leben, nach dem wir alle Ausschau halten. Er zeigt auch den Weg über den Tod hinaus; erst wer das kann, ist ein wirklicher Meister des Lebens.«[11] Die Wahrheit, die sich in Jesus Christus geoffenbart hat, ist der Maßstab, dem der Christ sich unterstellt, wenn er in Christus und in seinem Leib – der Kirche – verbleiben will.[12] Die Frage nach Gott und die Frage nach der Wahrheit gehören zusammen, denn »Wahrheit ist für den Christen kein Abstraktum. ›Ich bin die Wahrheit‹, sagt der johanneische Christus (14,6): Die Wahrheit dessen, was der Mensch ist, was die Welt ist, was Gott ist, d.h. die Wahrheit überhaupt ist real in der Person Jesu Christi.«[13] Der Kirche als geschichtliches Subjekt kommt die Aufgabe zu, diese Wahrheit, die aus der Vergangenheit kommt, in die Gegenwart zu vermitteln, wobei sie auf die Zukunft ausgerichtet bleibt. Daher resümiert Joseph Ratzinger: »Christlicher Glaube misst sich vielmehr von der Wahrheit her, die schon ist und die gerade so zur Krise wird. Insofern gibt es keine eigentliche Zeitlichkeit der Wahrheit und damit auch keinen letzten Pluralismus der Wahrheiten.«[14]

Wenn die christliche Offenbarung eine Person ist, die sich nicht als Beliebigkeit, sondern als Wahrheit geoffenbart hat, dann kann auch der Glaube keine Beliebigkeit sein. Glaube ist vielmehr die Annahme der geoffenbarten Wahrheit. So steht es auch in der Enzyklika über den Glauben *Lumen fidei*: »Der Glaube ist die Antwort auf ein Wort, das eine persönliche Anrede ist, auf ein Du, das uns bei unserem Namen ruft.«[15] Um auf den Anruf Gottes Antwort geben zu können, ist ein Perspektivenwechsel notwendig. Es geht eben nicht darum, den eigenen Vorstellungen und Vorlieben zu folgen, so etwas würde dem Wesen des Glaubens diametral widersprechen. Vielmehr stehen am Anfang des Glaubenswegs »Sinnesänderung, Umdenken, Reue, Buße, Umkehr, Bekehrung«.[16] Dabei muss klar sein, dass die Wahrheit für den Gläubigen immer eine Richtung bleibt, »ein Ziel, nie fertig gefundener Besitz wird. Christus, der die Wahrheit ist, ist in dieser Welt Weg: eben weil er die Wahrheit ist.«[17]

Die Offenbarung ist *der* Bezugspunkt für die Theologie und für den Glauben, davon losgelöst würden sie sich auflösen und aufhören zu existieren. In Jesus Christus ist die Offenbarung als Person sichtbar geworden. Er hat uns die göttliche Wahrheit geoffenbart, die danach verlangt, in Liebe angenommen und im Leben bezeugt zu werden, dann erst entfaltet sie ihre erlösende Kraft. Daher ist das Verbleiben in der Wahrheit Christi die Grundbedingung für das Christsein und schenkt Heil und Heilung (vgl. Joh 17,19). Dies ist die Grundvoraussetzung, damit die Neuevangelisierung greifen kann.

VII. Entweltlichung und die Zukunft der Kirche

Die aktuelle Glaubenskrise tritt immer deutlicher vor Augen, und diese Entwicklung ist nicht neu. Die Abwärtsspirale – die sich vor allem in der abnehmenden Glaubenspraxis zeigt – wird immer offensichtlicher. Es hätte keinen Missbrauchsskandal gebraucht, um darauf aufmerksam zu werden. Vielmehr überrascht das Verhalten von vielen Verantwortungsträgern, die – wenigstens wird dieser Eindruck erweckt – erst mit Erscheinen der Missbrauchsstudie gemerkt zu haben scheinen, dass etwas nicht gut läuft,[1] dass sich die Kirche in Deutschland in einer Krise befindet.

Joseph Ratzinger war diesbezüglich seiner Zeit weit voraus. Bereits 1958 waren ihm die Anzeichen der heraufziehenden Krise bewusst geworden. Ein Jahr im pastoralen Dienst in der Pfarrei Bogenhausen war ausreichend, um das festzustellen.[2] So verfasste er in der Zeitschrift »Hochland« einen Artikel, der nicht nur eine tiefschürfende Analyse, sondern auch kristallklare Feststellungen beinhaltet, die den Ist-Zustand des Glaubens und der Kirche beschrieben. Seine Veröffentlichung wurde von den zuständigen Stellen als Provokation aufgefasst, dabei hatte er lediglich die Wahrheit über die Situation des Glaubens und der Gläubigen gesagt.

Kommen wir kurz auf diesen Artikel, der schon im 4. Kapitel erwähnt wurde, zurück. In einem ersten Schritt wies Ratzinger darauf hin, dass die Statistiken täuschten und dass sich in Europa ein neues Heidentum breitmache.[3] Dabei verhalte es sich genau umgekehrt wie bei der Entstehung des Christentums. Damals gab es die Kirche aus Heiden, jetzt entstehe eine Kirche der Heiden. Der junge Professor Ratzinger bezeichnet dies als *das* kennzeichnende Phänomen unserer Zeit, das »die eigentliche Anfechtung des Christen ausmacht, vom innerkirchlichen Heidentum selbst, vom ›Gräuel der Verwüstung an heiliger Stätte‹ (Mk 13,14)«.[4] Diese Worte mögen überraschen, vor allem vor dem Hintergrund der damals blühenden Volkskirche. Nach dem Zweiten Weltkrieg gab es eine Rückbesinnung auf die Werte, die während der Diktatur des NS-Regimes mit Füßen getreten wurden. Davon profitierte die Kirche in besonderer Weise, die Priesterseminare und Klöster waren voll, an Berufungen fehlte es nicht.

Wie und woran macht Joseph Ratzinger sein Urteil fest, dass eine Kirche der Heiden entstehe? Was ist der Referenzpunkt für seine Argumentation? Zunächst erwähnt er den Anteil praktizierender Katholiken, der damals – in den 50er-Jahren – bei 50 Prozent lag. Traumhafte Zahlen, wenn man dies mit den 5,7 Prozent von 2022 vergleicht.[5] Und doch war schon damals eine Entwicklung in Gang gekommen, die sich als für den Glauben abträglich erweisen sollte. Ratzinger hatte recht damit, dass man sich nicht von den Statistiken täuschen lassen solle, er schaute tiefer und weiter. Er machte dafür u. a. eine veränderte Haltung unter den Katholiken verantwortlich. Die »Gläubigen« richten sich nicht mehr nach dem Glauben der Kirche, sondern sie machen »eine sehr subjektive Auswahl aus dem Bekenntnis der Kirche« zu ihrer eigenen Weltanschauung.[6] Das eigentliche Problem, so Professor Ratzinger in seiner Analyse, besteht darin, dass diese Menschen vom christlichen Standpunkt her eigentlich nicht mehr gläubig genannt werden können. Vielmehr folgen sie einer »aufklärerischen Grundhaltung« in Verbindung mit einer »ungläubigen Moralität«. Mit anderen Worten, der moderne Christ nähert sich dem Glaubensgut, wie er sich einem Buffet nähert. Was ihm schmeckt, das nimmt und verzehrt er, was ihm nicht schmeckt, das lässt er liegen und wendet sich davon ab. Vereinfacht dargestellt: Der Himmel wird gerne als Glaubensgut angenommen, die Hölle hingegen nicht. Gerne glaubt man den Verheißungen auf eine bessere Welt nach diesem Leben, aber die Gebote müsse man nicht so ernst nehmen. Man ist gerne bereit, mit Jesus zu Tisch zu sitzen, aber man möchte nicht unter dem Kreuz stehen. Dies hat zu einer absurden Situation geführt, die – und dies muss an dieser Stelle erneut betont werden – Joseph Ratzinger bereits 1958 in aller Klarheit beschrieben hat. »Der Mensch von heute kann also bei seinem Mitmenschen, dem er irgendwo begegnet, zwar mit ziemlicher Sicherheit einen christlichen Taufschein, nicht aber eine christliche Überzeugung voraussetzen. Er muss sogar als Normalfall den Unglauben seines Nachbarn voraussetzen.«[7]

Damit sind die Parameter umgedreht. Als sich die Urkirche zur Kirche aus Heiden entwickelte, beruhte dies auf einer geistigen Entscheidung des Einzelnen für den Glauben. Das deutlichste Zeugnis dafür sind die Märtyrer, jene Glaubenszeugen also, die bereit waren, den Tod für den Glauben in Kauf zu nehmen, weil sie wussten, dass Jesus Christus Worte ewigen Lebens hat, und jeder, der an ihn glaubt, leben wird, selbst wenn er stirbt (vgl. Joh 11,25). Sie hatten Christus im Leben angenommen. Er war für sie die eigentliche Wirklichkeit.

Diese Herausforderung ist von bleibender Aktualität für die Christen zu allen Zeiten. Doch gerade die Kirche aus Heiden, d.h. Heiden, die zum Glauben in der Kirche gefunden hatten, war eine »Gemeinschaft von Überzeugten, von Menschen, die eine bestimmte geistige Entscheidung auf sich genommen hatten und sich dadurch von all denen abhoben, die sich dieser Entscheidung verweigerten«.[8] Doch dieser wichtige, existenzielle Aspekt ist weggebrochen. Dafür ist auch eine falsche Identifikation von Staat und Kirche verantwortlich, ein Überbleibsel aus dem Mittelalter, das für die Neuzeit eine folgenschwere Hypothek darstellen sollte. Denn im Mittelalter gab es, im weitesten Sinne des Wortes, eine Synthese zwischen Staat und Kirche, auch wenn die Entwicklung im Westen gänzlich anders verlief als im Osten. Dennoch war festzustellen, dass der Glaube in Kirche und Gesellschaft gleichermaßen praktiziert wurde mit allen Vor- und Nachteilen. Obwohl diese Synthese immer mehr zerbrach, blieb diese Mentalität bestehen. Als Folge wurde der Glaube wie eine politisch-kulturelle Größe verstanden. Man verstand sich als in den Glauben »hineingeboren«, man ging zur Kirche, weil es so üblich war, weil es die anderen auch so machten. Dabei wurde der Glaube immer weniger als eine Entscheidung gesehen, der eine Überzeugung vorausgeht. Diese Hypothek hat sich nach dem Zweiten Weltkrieg im Westen noch einmal richtig entfaltet. Wer getauft wurde, der verstand sich als »katholisch«, indem er Rechte und Ansprüche für sich reklamierte. Dabei gelten – im Sinne der Synthese – die Vorgaben der Gesellschaft, die Lebensumstände und subjektiven Meinungen, die auch in der Gesellschaft Geltung haben, als Indikator, nicht aber die Glaubensüberzeugungen. Darauf hatte Joseph Ratzinger bereits in den 1950er-Jahren hingewiesen, denn so ein »Glaube« ist kein Glaube im christlichen Sinn.

Je länger dieser Prozess dauert, desto größer wird die Entfremdung vom Glauben der Kirche, denn der Glaube ist von seiner Grundstruktur her sakramental, nichts liegt ihm ferner, als für eine Gewohnheit gehalten zu werden. Anstatt gegenzusteuern und zu korrigieren, hat man in den letzten Jahrzehnten genau das Gegenteil getan. Es wurde davor gewarnt, sich in ein »Ghetto« zurückzuziehen, sich auf das Wesentliche zu besinnen. Dies sei – so wurde fälschlicherweise behauptet – sektiererisch, wobei die Kirche doch für alle da sei. Auf diese Weise wurde der Prozess der Entfremdung immer weiter beschleunigt. Inzwischen tritt das Dilemma, das sich daraus ergibt, immer deutlicher zutage. Auf der einen Seite sind die Christen von ihrem Glauben entfremdet worden, auf der anderen Seite erlässt der Staat Gesetze – man denke an die Abtreibung, die Präimplantationsdiagnostik, Euthanasie, den ethisch-moralischen Wertekanon –, die sich immer weiter von den christlichen Grundpositionen entfernen. Wenn es der Kirche nicht gelingt, hier überzeugende Alternativen aufzuzeigen und sich davon abzusetzen, wird dies zwangsläufig zu ihrer Selbstauflösung bzw. Selbstzerstörung führen.

Mit anderen Worten, es geht hier um die Alternative zwischen Sein und Schein. Die Kirche ist eine Glaubensgemeinschaft, die folglich auf Überzeugungen beruht, die nicht erfunden wurden und werden. Die Offenbarung geht dem Glauben voraus, und der Gläubige wird dadurch zum Gläubigen, dass er sie im Glauben annimmt.[9] Die »eigene« Überzeugung besteht demnach für den Christen darin, die Offenbarung Gottes im eigenen Leben anzunehmen, sich dem Maßstab Gottes zu unterstellen. Keineswegs bedeutet Glauben im christlichen Sinn, lediglich an den Gewohnheiten dessen festzuhalten, was in der Gesellschaft gilt. Der Herr hat dies in aller Deutlichkeit seinen Jüngern mit auf den Weg gegeben: »Wenn ihr von der Welt stammen würdet, würde die Welt euch als ihr Eigentum lieben. Aber weil ihr nicht von der Welt stammt, sondern weil ich euch aus der Welt erwählt habe, darum hasst euch die Welt« (Joh 15,19). Nicht die Gesellschaft ist der Maßstab für den Christen, sondern die Offenbarung Gottes. Die Gesellschaft kann insofern hilfreich sein für den Glauben, wenn in ihr die Offenbarung Gottes Geltung hat. Aber diese Synthese ist schon lange zerfallen, sodass es gänzlich falsch wäre, ihr hinterherzutrauern oder gar weiterhin daran festzuhalten.

Durch die Hypothek aus dem Mittelalter war eine Mentalität entstanden, die eine Art Identifikation von Staat und Kirche voraussetzte und sie als alternativlos darstellte. So entstand eine »Gemeinschaft« des Scheins, die vorgab, sich nach etwas zu richten, was gar nicht mehr existiert. Sie ist darauf bedacht, sich selbst als

»christlich« zu bezeichnen, auch wenn sie sich schon lange nicht mehr mit der Offenbarung identifiziert, deren Annahme für den Christen grundlegend ist. Mehr noch, Vertreter dieser Richtung brechen leichtfertig den Stab über andere, sie entscheiden – auf der Grundlage der in der Gesellschaft geltenden Kriterien –, wer ein Christ ist, was er darf und was nicht. Hier tritt das Dilemma unserer Zeit offen zutage, der tiefste Grund für die Krise der Kirche.

Demzufolge steht die Kirche vor einem Scheideweg: Auf der einen Seite bleibt die Option »kleine Herde« (vgl. Lk 12,32), von der in der Heiligen Schrift die Rede ist. Dabei handelt es sich um die Gemeinschaft jener, die aus Überzeugung für den Glauben einstehen, weil sie ihn im Innersten angenommen haben. Sie vertreten, auch darauf hat Joseph Ratzinger bereits in den 50er-Jahren aufmerksam gemacht, eine strengere Richtung. Sie halten sich an die – wenn auch gelegentlich harten – Forderungen der Heiligen Schrift, das »Heilige nicht den Hunden« vorzuwerfen und die »Perlen nicht den Schweinen« (Mt 7,6). Dabei geht es keineswegs um eine Kirche der Reinen, weil alle Sünder sind und bleiben. Wohl aber geht es um jene, für die Gott heilig ist. Er ist gegenwärtig in den Sakramenten, vor allem in der Feier der heiligen Eucharistie. Gerade bei jungen Menschen ist die Tendenz festzustellen, wenn, dann mit Überzeugung zu glauben. Sie wollen mit ihrem Leben einstehen für ihre Überzeugungen, sie wollen das Heilige heilig sein lassen und als solches respektieren. Dabei wird die Kirche als Arche wahrgenommen. Gerettet wird, wer in sie eintritt und in ihr verbleibt. »Nicht gerettet wird aber, wer, obwohl der Kirche eingegliedert, in der Liebe nicht verharrt und im

Schoße der Kirche zwar ›dem Leibe‹, aber nicht ›dem Herzen‹ nach verbleibt.«[10] Das Zweite Vatikanische Konzil hat damit eine Aussage getroffen, die sich ganz in diese Richtung interpretieren lässt.

Dieser Gruppe gegenüber steht jene große Zahl von Christen, die sich als Anwalt des Einzelnen und ihrer Forderungen sehen, egal wie diese auch aussehen mögen. Für sie ist nicht die Offenbarung der Maßstab für das Leben, sondern die Lebensumstände und Wünsche des Einzelnen im Sinne der Aufklärung. Dem zugrunde liegt ein magisches Verständnis der Sakramente. Man freut sich, wenn es durch geschickte Überredungskünste gelingt, dass ein (Enkel-)Kind noch getauft wird, so als ob damit alles erreicht wäre. Man freut sich, wenn man Jugendliche geschickt in die Kirche lockt und mit ihnen den Gottesdienst feiert, auch wenn sie gar nicht wissen, was eigentlich gefeiert wird. Dazu merkte Joseph Ratzinger kritisch an: »Indem man so die Sakramente nicht nur verschenkt, sondern verbettelt, werden sie zutiefst entwertet.« Er fügte mit prophetischen Worten hinzu: »Gewiss bietet Gott in den Sakramenten der ganzen Menschheit sein Heil an; gewiss lädt er alle herzlich ein, zu seinem Gastmahl zu kommen [...]; aber es bleibt dabei doch so, dass nicht Gott des Menschen bedarf, sondern der Mensch Gottes. Nicht die Menschen erweisen der Kirche oder dem Pfarrer einen Gefallen, wenn sie noch die Sakramente empfangen, sondern das Sakrament ist der Gefallen, den Gott den Menschen erweist.«[11]

Es gibt keinen sakramentalen Automatismus, so als ob man gerettet würde, wenn man doch »nur« das Sakrament empfängt. Eine derartige Meinung herrscht auch bei vielen »guten Katholiken« vor und zeigt sich besonders bei der Krankensalbung. Sie heißt nicht mehr »Letzte Ölung«, wird aber in der Regel dennoch so verwaltet. Sterbende zögern den Empfang des Sakraments hinaus, und besorgte Angehörige rufen dann den Pfarrer, wenn die Person meist schon nicht mehr ansprechbar oder gar schon verstorben ist. Dieser Haltung liegt ein sakramentaler Automatismus zugrunde, den es nicht gibt. Gott respektiert die Freiheit des Menschen, er erwartet, dass wir ihn annehmen, er lädt uns ein, weil wir ihn brauchen. Dabei ist es der Glaube, der rettet (vgl. Eph 2,8), er geht dem Sakrament voraus. Und Glaube steht und fällt mit der Überzeugung, die der Gläubige damit verbindet.

Als ich einen Pfarrer in Norditalien besuchte, wurde die Unterredung auf dieses Thema gelenkt. Nach einer realistischen Einschätzung des dortigen Pfarrers zählen zu der »Schein-Gruppe« der Katholiken, die sich ohne wirkliche Überzeugung als Christen verstehen, ca. 90 Prozent der Pfarreimitglieder. Wenn nun eine Weichenstellung zugunsten einer Bekennergemeinschaft vorgenommen würde, dann würde man auf einen Schlag den allergrößten Teil der Katholiken entkoppeln, nur eine kleine Herde würde übrig bleiben. Doch dieses Risiko will man nicht auf sich nehmen, sodass die Kirche einen Mittelweg eingeschlagen hat, der sich aber – dies tritt immer deutlicher zutage – als sehr nachteilig erweist. So belässt man die Menschen im Irrglauben, dass sie noch Christen seien, wobei sie sich mit den Inhalten der Offenbarung immer weniger identifizieren. Dieser »Schein« kann kaum mehr aufrechterhalten werden.

Joseph Ratzingers Analyse in den 50er-Jahren war unzweideutig, als er formulierte: »Es wird der Kirche auf die Dauer nicht erspart bleiben, Stück um Stück von dem Schein ihrer Deckung mit der Welt abbauen zu müssen und wieder das zu werden, was sie ist: Gemeinschaft der Glaubenden. [...] Nur wenn sie aufhört, eine billige Selbstverständlichkeit zu sein, nur wenn sie anfängt, sich selbst wieder als das darzustellen, was sie ist, wird sie das Ohr der neuen Heiden mit ihrer Botschaft wieder zu erreichen vermögen, die sich bisher noch in der Illusion gefallen können, als wären sie gar keine Heiden.«[12] Dazu wäre ein Umdenken nötig, das zu einem neuen Denken führt, die Grundkomponente des Christlichen. Wie das aussehen kann, deutete Joseph Ratzinger bereits in den 50er-Jahren an. Dabei äußerte er einen Gedanken, den er 2011 als Papst Benedikt XVI. wieder aufnehmen sollte.

2. Entweltlichung – der Weg vom Schein zum Sein

Es ist erstaunlich, wie präzise die Analysen von Joseph Ratzinger die kirchliche Situation beschreiben. Schon zu Beginn seiner akademischen Karriere sah er als Ausweg aus der sich anbahnenden Kirchenkrise die »Entweltlichung der Kirche«. Diesen Gedanken hat er in der bekannten Freiburger Konzerthausrede am 25. September 2011 wieder aufgenommen.[13] Um dies besser zu verstehen, lohnt es sich, zunächst noch einmal auf die Ausführungen aus den 50er-Jahren zurückzugreifen. Demnach betreffe die Entweltlichung drei Ebenen: »Die Ebene des Sakramentalen, die der Glaubensverkündigung und die des persönlich-menschlichen Verhältnisses zwischen Gläubigen und Ungläubigen«.[14]

Die Ebene des »Sakramentalen« ist die innere Wesensebene der Kirche. Damit ist gemeint, dass das Sakrament ein Geheimnis ist, denn es besteht, wie die Kirche, aus einer sichtbaren und einer unsichtbaren Dimension. Die unsichtbare Wirklichkeit geht weit über die sichtbare hinaus. Diese Art eines sakramentalen Verständnisses ist heute selbst den meisten Katholiken fremd geworden. Das hat dazu geführt, dass ein Großteil der Katholiken nicht mehr liturgiefähig ist. Für Seelsorger ist dies inzwischen eine echte Herausforderung. »Gläubige« kennen weder die geläufigsten Antworten in der Liturgie noch verstehen sie, worum es eigentlich geht, denn dazu wäre der Glaube notwendig. In diesem Sinn hat sich auch die Liturgiereform als problematisch erwiesen, zumal man – im Gegensatz zur Entweltlichung – dem Bestreben nachgegeben hat, auf die Welt zuzugehen. So wurde die Liturgie ihres Mysteriums beraubt, u.a. durch die Einführung der Volkssprache. Auf den ersten Blick wurde »alles« verständlich, aber gerade in diesem Moment wurde es unverständlich, weil sich das Verstehen nicht allein über das rationale Verständnis erschließt, sondern durch die übernatürliche Offenbarung.

Dazu schrieb Joseph Ratzinger noch vor der Liturgiereform: »Es muss wieder klar werden, dass Sakramente ohne Glauben sinnlos sind, und die Kirche wird hier allmählich und in aller Behutsamkeit auf einen Aktionsradius verzichten müssen, der letztlich eine Selbsttäuschung und eine Täuschung der Menschen einschließt.«[15] Wenn es zu einer Entweltlichung auf dieser Ebene kommen soll, dann müssten die Zügel wieder angezogen werden. Dann müsste deutlich werden, dass es keine billigen Sakramente gibt, die jedem gleichsam nachgeworfen werden. Die Sakramente haben ihren Preis, sie wurden erkauft durch das Blut Christi. Erst wenn auf dieser Ebene Klarheit herrscht, wenn der Glaube dem Sakrament vorausgeht, wird daraus die nötige Kraft für eine Erneuerung der Kirche erwachsen. Dazu aber ist eine Abgrenzung von der Welt und ihren Kriterien notwendig, sonst läuft man Gefahr, nur im Immanenten zu verbleiben und die Größe der Gnade, die Gott im Sakrament schenkt, zu übersehen.

Die Glaubensverkündigung – und damit kommen die Ausführungen zu einer zweiten Ebene der Entweltlichung – wird dann gelingen, wenn der Glaube erklärt und bekannt gemacht wird. Neben der Predigt müsste der katechetischen Unterweisung eine viel größere Bedeutung zukommen. Dabei wären vor allem die großen Zusammenhänge der Offenbarung, des Bezugspunkts für den Glauben, aufzuzeigen.[16] Keineswegs dürfte man sich von politischen oder tagesaktuellen Themen leiten lassen. Eine gesunde Abgrenzung von den tagesaktuellen Themen würde das Alleinstellungsmerkmal der Kirche wieder deutlicher hervortreten lassen. Die Kirche ist nämlich weder eine NGO noch ein Wohltätigkeitsverein oder eine politische Partei, sondern »in Christus gleichsam das Sakrament«.[17] Auch hier könnte eine Entweltlichung ihre wohltuende Kraft entfalten, indem schlichtweg das Evangelium verkündet wird und die Größe und Schönheit des Glaubens in den Mittelpunkt treten.

Das hätte schließlich auch Auswirkungen auf eine dritte Ebene: die persönlichen Beziehungen. Entweltlichung auf dieser Ebene bedeutet nicht zunächst Abgrenzung von ungläubigen Menschen, wohl aber, dass wahre Gemeinschaft Glaubensgemeinschaft ist. Dieser

Aspekt ist sehr in Vergessenheit geraten und eine in diesem Sinn verstandene gelebte Glaubensgemeinschaft – beispielsweise in einer Pfarrei – ist fast nirgends mehr vorzufinden. Dies bestätigt überdeutlich, wie weit die vormalige Synthese inzwischen zerbrochen ist.

Weil der Christ nicht allein seinen Weg durch diese Welt geht, braucht er Mitchristen, die am Bekenntnis zu Jesus Christus festhalten. Wenn die Gemeinschaft im Glauben fehlt, besteht die Gefahr, des Glaubens verlustig zu gehen und sich durch den Unglauben der anderen vom Weg abbringen zu lassen. Es hat sich als fundamentale Fehlannahme erwiesen zu meinen, man könne und brauche sich nicht von den anderen abzugrenzen und könne trotzdem ein guter Christ sein. Auf diese Weise wurde die Festung des Glaubens nach und nach geschliffen.[18] Das Evangelium spricht eine deutliche Sprache, demnach wird der Christ dadurch zum Christen, wenn er Christus annimmt (vgl. Gal 3,27). Dies macht eine »Abgrenzung« immer dann unumgänglich, wenn andernfalls das Bekenntnis und Christus verdunkelt würden. Wenn beispielsweise das Umfeld es nicht zulässt, dass man frei über den Glauben sprechen oder ihn leben kann, weil man Angst hat, das dies zu nachteiligen Reaktionen führen würde, dann muss die Entweltlichung greifen. Diese kann darin bestehen, dass man sich ein Umfeld schafft, das dem dienlich ist.[19] Dabei darf nicht vergessen werden, dass die persönliche Beziehung zu Gott rettet, nicht das Festhalten an dem, was in der Gesellschaft Geltung hat. Mit Entweltlichung verbindet sich in diesem Kontext der Aufruf des Evangeliums, dass der Christ zwar in der Welt lebt, aber nicht von der Welt ist.

Als Papst Benedikt auf dieses Thema in seiner Freiburger Ansprache zu sprechen kam, war inzwischen eingetreten, wovor er bereits in den 50er-Jahren gewarnt hatte. Immer deutlicher zeichnete sich ab, dass der Spagat zwischen Welt und Kirche nicht mehr gelingt. Zu weit hatte sich die Gesellschaft von den Grundlagen der Offenbarung entfernt. So wie Gott nicht von dieser Welt ist, wenn er auch in diese Welt kam (vgl. Joh 18,36), so darf auch der Christ nicht von dieser Welt sein. Der Römerbrief bringt es auf den Punkt, wenn es dort heißt: »Und gleicht euch nicht dieser Welt an, sondern lasst euch verwandeln durch die Erneuerung des Denkens, damit ihr prüfen und erkennen könnt, was der Wille Gottes ist« (Röm 12,2). Von daher wird deutlich, dass die Entweltlichung biblisch begründet ist, sie ist zugleich ein Gebot der Stunde für die Erneuerung des Glaubens und der Kirche.

Denn eine Kirche, die an ihren Privilegien festhält, an ihren Pfründen und Geldern, die um das Ansehen bei den Menschen und in den Medien buhlt, die danach schielt, nicht aus dem Raster dessen zu fallen, was als »politisch korrekt« gilt, wird kaum glaubwürdig das Evangelium verkünden können. Im Gegenteil, nach und nach würde das missionarische Zeugnis zum Erliegen kommen, weil das Salz seinen Geschmack verloren hat (vgl. Mt 5,13). Daher sagte Papst Benedikt XVI. in seiner Ansprache im Freiburger Konzerthaus: »Das missionarische Zeugnis der entweltlichten Kirche tritt klarer zutage. Die von materiellen und politischen Lasten und Privilegien befreite Kirche kann sich besser und auf wahrhaft christliche Weise der ganzen Welt zuwenden, wirklich weltoffen sein. Sie kann ihre Berufung zum

Dienst der Anbetung Gottes und zum Dienst des Nächsten wieder unbefangener leben.«[20] Dabei ging es ihm nicht nur um einen Rückzug aus der Welt, wohl aber darum, dem Grundauftrag gerecht zu werden, Sauerteig in der Welt zu sein (vgl. Mt 13,33).

Dazu ist es zuerst notwendig, die tiefe Überzeugung wiederzuentdecken, in Christus alles in allem gefunden zu haben. Es muss wieder deutlich werden, dass Christsein auf einer Überzeugung basiert, nicht auf einer Gewohnheit. Papst Benedikt XVI. beschreibt, was dies bedeutet mit einem Hinweis auf das Leben des heiligen Augustinus. Dieser suchte zunächst im Äußeren sein Glück, seine Erfüllung, aber erst als er innerlich wurde, da öffnete sich ihm der Weg, auf dem er zu Christus gelangte und Christus zu ihm.[21] Benedikt XVI. machte deutlich, dass es dabei nicht um eine Taktik geht, sondern um Umkehr hin zur Quelle, aus der der Christ schöpft.

Wie aber kann Entweltlichung konkret gelingen? Auch wenn der Weg, den Joseph Ratzinger/Benedikt XVI. zur Lösung des Problems beschreibt, in sich schlüssig und richtig ist, so wird er nur von Menschen eingeschlagen werden können, die dazu bereit sind. Und genau hier liegt das eigentliche Problem. Wenn nämlich ein Großteil der Katholiken – um es einmal provokativ zu sagen – »verweltlicht« ist, weil sie von den Privilegien, den Steuereinnahmen und politischen Wortmeldungen leben, sich aber nicht (mehr) mit der Offenbarung identifizieren, wenn solche Funktionäre eines Systems und Nichtgläubige aufgrund einer Überzeugung an den Schalthebeln der kirchlichen Strukturen sitzen, dann wird eine Entweltlichung nicht gelingen. Von daher verwundert es nicht, dass die Rede von Papst Benedikt mit wenig Wohlwollen aufgenommen wurde. Vielmehr lassen sich die Reaktionen darauf mit der von König Herodes vergleichen. Als diesem die Geburt des Erlösers angekündigt wurde, worauf alle warteten und worüber sie sich hätten freuen müssen, erschrak er und mit ihm ganz Jerusalem (vgl. Mt 2,3). So ungefähr lässt sich die Reaktion in Deutschland auf den Reformvorschlag von Papst Benedikt beschreiben. Wenn man ihm beherzt gefolgt wäre, dann wären viele andere und unnötige Reformvorschläge der Kirche in Deutschland erspart geblieben. Zugleich wären die Weichen gestellt worden für eine wirkliche Erneuerung der Kirche.

Abschließend lässt sich sagen, dass das Vorurteil überwunden werden muss, die kleine Herde sei etwas Sektiererisches und negativ behaftet. Das Evangelium spricht eine andere Sprache. Es sind vielmehr die kleinen Gruppen, die zu kreativen Minderheiten werden, derer sich der Herr bedient. Die Masse, so lässt ein Blick auf das Evangelium deutlich werden, geht leicht in die Irre, sie schwankt vom »Hosianna« bis zum »Kreuzige ihn«. Die kleine Herde ist nicht deswegen zu loben, weil sie klein ist, sondern wegen ihrer Treue zum Bekenntnis an den Herrn. Und eben diese Treue zur Offenbarung Gottes, getragen von innerer Überzeugung, die das Lebenszeugnis einschließt, verleiht der Kirche jene Kraft, die sie nicht aus sich heraus hat und haben kann. Der Herr hat nicht mit einer Massenbewegung begonnen, die Welt zu evangelisieren, sondern mit zwölf Aposteln. So klein und unscheinbar diese Gruppe auch war, so groß konnte sich ihre Wirkung entfalten, weil sie im Glauben an den Herrn und in der Treue zum Bekenntnis standgehalten hat. Dazu braucht es Entweltlichung, das Abstandnehmen von der Welt, um wahrhaft frei zu werden für Gott.

VIII. Die Quelle der Erneuerung – lebendiger Glaube

Viel wurde und wird über Erneuerung in der Kirche, über Reform und *Aggiornamento* gesprochen, aber bisher scheint der Weg noch nicht gefunden worden zu sein, wie dies gelingen kann. Die harten Fakten vom Exodus der Berufungen und Kirchenmitglieder sprechen eine deutliche Sprache und gegen diese Fakten helfen auch Beschwichtigungen nicht. Als fatal haben sich jene Rechtfertigungsversuche erwiesen, die anmahnen, die bisherigen Reformen seien nicht radikal genug gewesen. Denn an »ihren Früchten werdet ihr sie erkennen« (Mt 7,16). Dieses biblische Kriterium müsste eigentlich genug Anlass zur kritischen Selbstreflexion bieten. Daraus folgt: Wer sich auf einem Irrweg befindet, wird ihn nur durch Umkehr verlassen können, andernfalls wird er nie zum Ziel gelangen.

Das Gesagte wird aus anderer Perspektive im Gleichnis vom verlorenen Sohn beschrieben. Dieser wollte Neues ausprobieren, dabei stand ihm sein ganzes Erbe zur Verfügung. Bei der Lektüre dieses Gleichnisses mag man unwillkürlich an jene Generation denken, die aus dem Vollen schöpfen konnte, die volle Kirchen, Klöster und Seminare kannte, die »Volkskirche« erlebt hat. Im Gleichnis wird beschrieben, wie sich der verlorene Sohn von alldem abwendet, was seinem Vater teuer und heilig war. Er entscheidet sich, ein zügelloses Leben zu führen und sein Vermögen zu verschleudern (vgl. Lk 15,13). Über seine Intention wird nichts berichtet, nur über das, was er tat. Vermutlich wäre er nicht umgekehrt, wenn ihn nicht der Hunger zum Umdenken gezwungen hätte. Er konnte nicht mehr weiterleben wie bisher; die Wirklichkeit holte ihn ein. So besann er sich und kehrte zu seinem Vater zurück. Dabei dient als Leitmotiv jene Aussage, mit der er seinen Vater bei der Rückkehr begrüßt: »Vater, ich habe mich gegen den Himmel und gegen dich versündigt. Ich bin nicht mehr wert, dein Sohn zu sein; mach mich zu einem deiner Tagelöhner!« (Lk 15,18–19). Erst durch die große Not hatte der junge Mann einsehen müssen, dass er auf einen falschen Weg gekommen war. Er hatte nur die Möglichkeit umzukehren oder zugrunde zu gehen.

Anders als im Evangelium beschrieben, gibt es in der Kirche in Deutschland keine finanzielle Not. Noch immer steigen die Kirchensteuereinnahmen, auch wenn immer mehr Menschen der Kirche den Rücken zukehren. Ein erstaunliches Phänomen! So besteht noch kein Grund zur Umkehr, zur Korrektur von Fehlentwicklungen, schließlich kann man es sich materiell leisten, weiterzuleben wie bisher, und der Glaubens- und Christenschwund wird nicht als Not empfunden.

Das Evangelium lässt aber noch einen weiteren Aspekt sichtbar werden. Der verlorene Sohn hatte begriffen, dass er gesündigt hatte. Er kehrte nicht nur zu seinem Vater zurück, um materiell besser zu leben, sondern weil er sich bewusst geworden war, dass sein Weg ein Irrweg gewesen ist. Anders als im Evangelium beschrieben, geht es in den aktuellen Debatten zur Erneuerung der Kirche aber nicht darum, von der Sünde umzukehren. Vielmehr gibt es zahlreiche Versuche, das, was in der Heiligen Schrift als »Zügellosigkeit« bezeichnet wird, nicht mehr als Sünde zu verstehen. Längst hat es einen Paradigmenwechsel gegeben, der darin besteht, die Sünde – die von Gott trennt und aus der Gemeinschaft mit ihm ausschließt – zu tolerieren und gutzuheißen. Dazu werden die abenteuerlichsten Begründungen angeführt, wie z. B., dass man heute weiterentwickelt sei und andere Maßstäbe habe.

Auf diese Weise kann es jedoch zu keiner Erneuerung kommen, wie die bisherigen Ausführungen deutlich gemacht haben. Im Gegenteil, die Demontage des Christentums würde zementiert und die Rückkehr zum Vater – als *die* Quelle jeglicher Erneuerung – bliebe den Menschen versagt. Daher muss sich jede Erneuerung daran messen lassen, ob sie zu einem Mehr, zu einem Plus an Glauben führt oder nicht. Um dieses Thema soll es im folgenden Kapitel gehen.

1. Der Unglaube – das eigentliche Problem

Im Gegensatz zum lebendigen Glauben, dem sich die Ausführungen in einem zweiten Punkt zuwenden, steht der Unglaube. Dieser ist heute *das* kennzeichnende Merkmal für eine ganze Generation von Christen. Dabei handelt es sich vornehmlich um jene, die das Erbe (die Tradition und den Glauben der Kirche) durchgebracht haben und als »neue Heiden« in der Kirche leben. Sie warnen davor, den Glauben, vor allem die Glaubensinhalte, zu ernst zu nehmen. Es ist das Verdienst von Georg May, diese Entwicklung in einer ausführlichen Studie aufgezeigt zu haben.[1] Viele Beispiele ließen sich dafür anführen, es soll aber an dieser Stelle genügen, auf zwei konstituierende Elemente für den Glauben einzugehen, um davon ausgehend besser zu verstehen, wie sich der Unglaube vom Glauben unterscheidet.

Für den Glauben lassen sich zwei grundlegende Charakteristiken bestimmen. Auf der einen Seite die personale Annahme des dreifaltigen Gottes im Leben des Einzelnen, was in der scholastischen Tradition als *fides qua* bezeichnet wird. Schon hier wird deutlich, dass der Glaube weit mehr ist als ein abstraktes Regelwerk, eine Theorie oder Meinung, er besteht zunächst in der Annahme Jesu Christi. Der Herr selbst fordert seine Jünger dazu geradezu auf: »Glaubt an Gott und glaubt an mich!« (Joh 14,1). Der Gläubige wird zum Gläubigen, indem er Jesus Christus als seinen Herrn und Gott annimmt. So wichtig und grundlegend diese Komponente auch ist, so unzureichend erweist sie sich. Denn so bliebe der Glaube letztlich unbestimmt und subjektiv. Daher gehört eine zweite Komponente untrennbar zur ersten, durch die der Glaube seine Richtung erhält: die geoffenbarte Wahrheit. Sie hat in den Dogmen der Kirche ihren definitiven Ausdruck gefunden und wird konkret in der Einhaltung der Gebote. »Wer meine Gebote hat und sie hält, der ist es, der mich liebt« (Joh 14,21). Beide Elemente gehören untrennbar zusammen und erst im Mit- und Zueinander dieser beiden Dimensionen wird der Mensch zum Gläubigen. Er vertraut und folgt jener göttlichen Wahrheit, die zum neuen Maßstab wird. So wird verständlich, was der »Gehorsam des Glaubens« (Röm 16,26) ist, denn der Glaube kommt vom Hören auf das göttliche Wort und führt zum Gehorsam.[2] Folglich geht es im Glauben um Gewissheiten, um eine göttliche Wirklichkeit, die danach verlangt, im Leben des Einzelnen angenommen zu werden.

Diese beiden Charakteristiken sind nicht nur hilfreich, um zu verstehen, was Glaube ist, sondern auch worin der Unglaube besteht und wie er das Gottesvolk und den Klerus infiziert hat. Auch wenn sich niemand über die personal-subjektive Annahme Jesu Christi im Inneren eines Menschen ein Urteil anmaßen darf, so ist ein Urteil wohl aber im Hinblick auf die objektiv geoffenbarten Glaubensinhalte möglich und manchmal auch nötig. Schon der Apostel Paulus war in diesem Punkt unzweideutig klar, wenn er im Brief die Galater vor einer Verfälschung des Evangeliums warnte (vgl. Gal 1,8–9). Der Unglaube besteht folglich darin, sich vom objektiv geoffenbarten und definierten Glaubensinhalt abzuwenden bzw. einen Lebensstil anzunehmen, der im Widerspruch zur Glaubenswahrheit steht. Schon bei den frühen Christen galt die »göttliche Offenbarungswahrheit als heilsentscheidend, somit deren Verfälschung als heilsgefährdend [...]. Lehrirrtümer waren gravierender als moralische Vergehen.«[3]

In unserer Zeit wird ein Abweichen von der Glaubensregel zumeist dadurch zu rechtfertigen versucht, das man Gewissen und Glaubensnorm gegeneinander ausspielt. So beruft man sich fälschlicherweise auf das Gewissen, um zu rechtfertigen, dass man diese oder jene Glaubensnorm ablehne. Dem liegt jedoch ein kolossaler Irrtum im Hinblick auf das zugrunde, was das Gewissen ist und wie es funktioniert. Das Gewissen ist nämlich keineswegs eine autonome Instanz, die Entscheidungen fällt, sondern das *Urteil* der Vernunft über die Sittlichkeit des eigenen Handelns. Damit das Gewissen richtig urteilen kann, braucht es die Norm (*fides quae*), muss in ihr unterwiesen sein. Dazu schreibt Papst Johannes Paul II.: »Deshalb zeigt sich das Gewissen mit ›Urteils‹-Akten, die die Wahrheit über das Gute widerspiegeln, und nicht in willkürlichen ›Entscheidungen‹.«[4] Unter diesem Vorwand, man müsse dem Gewissen folgen, war es in weiten Teilen gelungen, den Unglauben hoffähig zu machen. Dabei wurde tunlichst der Eindruck aufrechterhalten, dass die »Gläubigen« weiterhin Gläubige seien, auch wenn sie nur ihren eigenen Ansichten und Vorstellungen folgten. So konnte sich jener Unglaube ausbreiten, weil die Glaubensnorm ausgeschaltet wurde. Wer in diese Unlogik eintritt, ist in der Lage, alles zu rechtfertigen, er erklärt die Sünde zur Tugend und die Tugend zur Sünde.

2. Lebendiger Glaube

Das, was die Kirche als »lebendigen Glauben« versteht, ist jedoch etwas ganz anderes. Es ist jene geistige Kraft, durch die der Gläubige so mit Gott verbunden ist, dass ihm übernatürliche Gnaden zuteilwerden, zumal der Glaube als theologische Tugend selbst eine übernatürliche Gnade ist. Dies wird im Evangelium wie folgt beschrieben: »Wenn ihr Glauben habt wie ein Senfkorn, dann werdet ihr zu diesem Berg sagen: Rück von hier nach dort! und er wird wegrücken. Nichts wird euch unmöglich sein« (Mt 17,20). In dieser Aussage wird zum Ausdruck gebracht, dass der Glaube jene geistige Kraft ist, die die Welt im Lot hält. Fehlt der Glaube, dann werden die Kräfte der Welt erschüttert.

Dem Gesagten liegt die Logik zugrunde, die in der Enzyklika *Lumen fidei* beschrieben wird. Dort heißt es: »Der gläubige Mensch empfängt seine Kraft aus der vertrauensvollen Selbstübergabe in die Hände des treuen Gottes. […] Der heilige Augustinus erklärt das so: ›Der Mensch ist gläubig (*fidelis*), indem er dem verheißenden Gott glaubt; Gott ist treu (*fidelis*), indem er gewährt, was er dem Menschen versprochen hat.‹«[5] Die Lebendigkeit des Glaubens besteht darin, dass sich der Mensch durch ihn mit Gott verbindet, von dem der Glaubende seine Kraft empfängt: die Gnade Gottes. Der Mensch wird gläubig, indem er Gott annimmt, ihm glaubt (*fides qua*), und seine Wahrheit im Leben annimmt (*fides quae*).

Folglich kann es keinen lebendigen Glauben geben ohne die treue Befolgung der Gebote Gottes. Denn der Herr ist selbst Weg und Wahrheit (vgl. Joh 14,6), beides lässt sich nicht voneinander trennen. Wer die Wahrheit verlässt, der weicht vom Weg ab, der zum ewigen Leben führt. Die fälschliche Annahme, man könne Christ sein und zugleich die Wahrheit Christi ablehnen, hat zu den großen Verirrungen unserer Zeit im Hinblick auf den Glauben geführt. Dabei hatte das Zweite Vatikanische Konzil das Gegenteil gelehrt, wie ein Blick auf die dogmatische Konstitution *Dei Verbum* verdeutlicht: »Die Tiefe der durch diese Offenbarung über Gott und über das Heil des Menschen erschlossenen Wahrheit leuchtet uns auf in Christus, der zugleich der Mittler und die Fülle der ganzen Offenbarung ist.«[6]

Dabei ist zu unterstreichen, dass die Grundstruktur des Glaubens gänzlich anderen Paradigmen folgt als die Philosophie und die Humanwissenschaften. In Letzteren geht das Denken dem Sprechen voraus, der Gedanke kommt vor dem Wort. Beim Glauben verhält es sich umgekehrt, denn »Im Anfang war das Wort und das Wort war bei Gott und das Wort war Gott« (Joh 1,1). In der Theologie, die eine Reflektion über den Glauben ist, geht das göttliche Wort dem Denken voraus und nur dann, wenn der Gedanke dem Wort folgt, kann von Glauben gesprochen werden. Dabei geht es nicht um irgendwelche Wörter, die im Sinne eines akademisch-abstrakten Gedankenspiels zu durchdenken wären, sondern um jene von Gott geoffenbarte Wahrheit, die in den Augen der Welt Torheit ist (vgl. 1 Kor 1,18); sie eröffnet eine völlig neue Perspektive. Denn durch den Glauben wird der unsichtbare Gott sichtbar. Daher stehen das Hören auf das Wort Gottes und der Gehorsam des Glaubens (vgl. Röm 1,5; 16,26) in untrennbarem Zusammenhang. Beim Glauben handelt es sich um eine übernatürliche Erkenntnis, die sich von der natürlichen Erkenntnis dadurch unterscheidet, dass sie gnadenhaft geschenkt wird. Damit wird deutlich, dass es im Glauben um ein Nachdenken des Vorgedachten geht. Somit darf das eigene Denken nicht über das geoffenbarte Wort gestellt werden, sondern vielmehr führt das Hören auf Gottes Wort zum Gehorsam.

Ein solcher Glaube ist keineswegs »knechtisch«, so als ob dem Menschen etwas genommen oder seine Autonomie eingeschränkt würde. Im Gegenteil ist ein solcher Glaube befreiend, weil allein die Wahrheit befreit (vgl. Joh 8,32). Durch den Glauben wird göttliche Wahrheit geschenkt, an die sich der Gläubige bindet. Auf diese Weise verliert er nichts, sondern gewinnt alles, denn die göttliche Wahrheit hat eine ihr innewohnende Kraft, durch die sich der Sinn des Lebens erschließt. Mehr noch, durch deren Annahme wird das Tor zum ewigen Leben geöffnet. Dazu heißt es in dem päpstlichen Schreiben *Lumen fidei*: »Der Mensch braucht Erkenntnis, er braucht Wahrheit, denn ohne sie hat er keinen Halt, kommt er nicht voran. Glaube ohne Wahrheit rettet nicht, gibt unseren Schritten keine Sicherheit. Er bleibt ein schönes Märchen, die Projektion unserer Sehnsucht nach Glück, etwas, das uns nur in dem Maß befriedigt, in dem wir uns Illusionen hingeben wollen.«[7] Das Zweite Vatikanische Konzil hat dies wie folgt formuliert: »Christus allein ist Mittler und Weg zum Heil, der in seinem Leib, der Kirche, uns gegenwärtig wird; indem er aber selbst mit ausdrücklichen Worten die Notwendigkeit des Glaubens und der Taufe betont hat (vgl. Mk 16,16; Joh 3,5), hat er zugleich die Notwendigkeit der Kirche, in die die Menschen durch die Taufe wie durch eine Türe eintreten, bekräftigt. Darum könnten jene Menschen nicht gerettet werden, die um die katholische Kirche und ihre von Gott durch Christus gestiftete Heilsnotwendigkeit wissen, in sie aber nicht eintreten oder in ihr nicht ausharren wollten.«[8]

Der Glaube ist dann lebendig, wenn er *gelebt*, wenn das göttliche Wort zum Maßstab für das Leben wird. Ein Blick auf das Leben der Heiligen verdeutlicht, was dies bedeutet. Sie waren und sind Freunde Gottes, weil sie »von der Liebe geleitet, die Wahrheit bezeugen und in allem auf ihn hin wachsen. Er, Christus, ist das Haupt« (Eph 4,15). Das Gesagte erlaubt abschließend, einen Blick auf *die* Quelle des Glaubens zu werfen: den lebendigen Gott.

3. Die Quelle für den lebendigen Glauben

Die Quelle für den Glauben ist die göttliche Offenbarung, die sich in Jesus Christus kundgetan hat. Nur wenn er zum unverrückbaren Maßstab im Leben des Christen wird, kann daraus Erneuerung im Glauben entstehen. Dies wird nur dann gelingen, wenn den Gläubigen deutlich gemacht wird, dass sie erst dann zu Gläubigen werden, wenn sie Gott und seine Maßstäbe im Leben annehmen.

Denn der Glaube hat eine innere Richtung (*fides qua*), zu der auch eine äußere gehört (*fides quae*). Wann immer sich der Christ vom einen oder anderen lossagt, sagt er sich vom Glauben los. Es ist höchste Zeit, die Christen von dem Irrglauben zu befreien, dass es möglich sei, auf eine Weise zu leben, die der geoffenbarten Wahrheit widerspricht. Denn wahre Erneuerung führt immer zur ursprünglichen Form, die Jesus Christus ist. Alle anderen Reformversuche sind in Wirklichkeit Deformationen, weil sie von der ursprünglichen Form wegführen. Das Zweite Vatikanische Konzil hat über die Quelle der Offenbarung gesagt: »Gott hat in seiner Güte und Weisheit beschlossen, sich selbst zu offenbaren und das Geheimnis seines Willens kundzutun (vgl. Eph 1,9): dass die Menschen durch Christus, das fleischgewordene Wort, im Heiligen Geist Zugang zum Vater haben und teilhaftig werden der göttlichen Natur (vgl. Eph 2,18; 2 Petr 1,4).«[9] Dies ist das Ziel des Glaubens, und nur so kann Erneuerung im Glauben gelingen.

IX. Die Einheit im Glauben

In der Welt nehmen die Fliehkräfte und Spannungen zu, davon ist auch die Kirche nicht ausgenommen. Umso aktueller erweist sich das Gebet des Herrn, der sich flehend an den Vater richtete mit der Bitte: »So sollen sie [die Jünger] vollendet sein in der Einheit, damit die Welt erkennt, dass du mich gesandt hast und sie ebenso geliebt hast, wie du mich geliebt hast« (Joh 17,23). Von Anfang an war die Einheit in der Kirche Gefahren ausgesetzt. Die inspirierten Autoren der Heiligen Schrift verschweigen diese Wirklichkeit nicht. Menschliche Schwächen, Meinungsverschiedenheiten, ja sogar Verrat wie auch inhaltliche Differenzen und Streitigkeiten gehörten von Anfang an dazu.

Die Ursache für den Verlust der Einheit hat tiefere Wurzeln. Schon im Buch Genesis wird bildlich von der Schlange gesprochen (vgl. Gen 3,1–5), vom Teufel, durch den die Menschen verführt werden. Er ist der Diabolus, derjenige, der Spaltung bringt, indem er von Gott wegführt und sich gegen Gott auflehnt. Diese Rebellion gegen Gottes Gebot hat zum Verlust der ursprünglichen Harmonie geführt. Mit kaum zu steigernder Dramatik wird dies im Kontext vom Verrat des Judas beschrieben. Nachdem er den Herrn für Geld verkauft hatte und sogar noch vom heiligen Brot nahm, »fuhr der Satan in ihn« (Joh 13,27). Der Evangelist bemerkt nüchtern: »Es war aber Nacht« (Joh 13,30). Judas hatte sich vom »Herrscher dieser Welt« (Joh 12,31) in Anspruch nehmen lassen, er verließ die Gemeinschaft mit Gott und besiegelte seinen Verrat mit einem Kuss.

Bei vielen Streitereien, die in der Heiligen Schrift Erwähnung finden, geht es um den Glauben und damit um die Wahrheit über Gott und die Treue zu seinen Geboten. So beschreibt die Apostelgeschichte, dass die Ältesten und die Apostel in Jerusalem zusammenkamen, nachdem es einen nicht geringen Streit unter ihnen gegeben hatte (vgl. Apg 15,1–35). Dabei wird deutlich, dass es nicht nur um pastorale Weichenstellungen für die Zukunft ging, sondern um die geoffenbarte Lehre. Beide gehören untrennbar zusammen, dies war bei den frühen Christen eine Selbstverständlichkeit. So heißt es im Brief des Judas: »Kämpft für den Glauben, der den Heiligen ein für alle Mal übergeben ist! Denn es haben sich einige Leute eingeschlichen, die schon seit Langem für das Gericht vorgemerkt sind: Gottlose, die unseres Gottes Gnade mit einem zügellosen Leben vertauschen und die Jesus Christus, unseren einzigen Herrscher und Herrn, verleugnen« (Judas 1,3–4). Diese Worte bestätigen den untrennbaren Zusammenhang von Lehre und Leben. Der Glaube ist der Maßstab für das Leben, nicht umgekehrt. Wohl aber lässt sich anhand des Lebensstils auf den Glauben schließen. Ähnliches wird an vielen Stellen der Schrift bezeugt. So heißt es im zweiten Petrusbrief: »Es gab aber auch falsche Propheten im Volk, wie es auch unter euch falsche Lehrer geben wird. Sie werden Verderben bringende Irrlehren einschleusen und den Herrn, der sie freigekauft hat, verleugnen. Doch dadurch bringen sie über sich selbst rasches Verderben. Und ihren Ausschweifungen werden sich viele anschließen und ihretwegen wird der Weg der Wahrheit in Verruf kommen« (2 Petr 2,1–2).

An dieser Stelle wird wiederum deutlich, dass der Christ dadurch zum Christen wird, dass er Christus im Leben annimmt und sein Leben nach jener Wahrheit ausrichtet, die Christus ist. Auf diese Weise macht er sich frei von der Mode der Zeit, dem Zeitgeist, und folgt jener überzeitlichen und die Vernunft übersteigenden Wahrheit, die gemeint ist, wenn im Griechischen das Wort *Logos* verwendet wird. Dieses Wort lässt sich schwerlich ins Deutsche übersetzen, weil es im biblischen Kontext für die geoffenbarte Wahrheit Gottes steht: das göttliche Wort. Papst Benedikt XVI. hat in einer Generalaudienz darauf Bezug genommen und gesagt, dass sich der Schöpfungs- und Heilsplan Gottes »in Jesus Christus, dem *Logos*, das heißt dem ewigen Wort, der ewigen Vernunft, der schöpferischen Vernunft, erfüllt«.[1] Er fügte hinzu: »Jeder Mensch hat als vernunftbegabtes Geschöpf Anteil am *Logos*, er trägt dessen ›Samenkorn‹ in sich und kann den Schimmer der Wahrheit erfassen.«[2]

Damit sind die Ausführungen im Zentrum dessen angekommen, worum es in diesem Kapitel gehen soll: die Einheit im Glauben. Wie kann sie erreicht werden und welche Grundlagen sind dazu unverzichtbar? Kommt es primär darauf an, nach einer äußerlichen Einheit zu streben und alles zu vermeiden, was der Einheit im Weg steht, selbst wenn damit der Anspruch auf Wahrheit aufgegeben würde? Darum soll es in den folgenden Ausführungen gehen.

1. Das Bemühen um äußere Einheit

Die im letzten Jahrhundert einsetzende ökumenische Bewegung hat die fehlende Einheit unter den Christen bewusst gemacht.[3] Seitdem sind zahlreiche Anstrengungen unternommen worden, um die äußere Einheit wiederherzustellen. Bereits während des Pontifikats Papst Benedikts XV. im Jahr 1916 ist eine Gebetswoche für die Wiedervereinigung im Glauben vom 18.–25. Januar jeden Jahres ins Leben gerufen worden.[4] Mit »Ökumene« verband sich der Aufruf, zu jenen Wurzeln zurückzukehren, aus denen die Christenheit bis zur Reformation gelebt hatte. Papst Johannes XXIII. griff dieses Anliegen auf und gründete am 5. Juni 1960 das »Sekretariat zur Förderung der Einheit der Christen«. Während des Zweiten Vatikanischen Konzils erhielt dieses Sekretariat eine Aufwertung und wurde in den gleichen Rang wie die anderen Konzilskommissionen erhoben. Bei der Vorbereitung und Ausarbeitung der Konzilsdokumente über den Ökumenismus (*Unitatis Redintegratio*), über die Religionsfreiheit (*Dignitatis Humanae*) und über das Verhältnis zu den nicht christlichen Religionen (*Nostra Aetate*) war das Sekretariat federführend beteiligt.[5]

Das Konzil unterstrich die Bedeutung der Ökumene mit folgenden Worten: »Die Einheit aller Christen wiederherstellen zu helfen ist eine der Hauptaufgaben des Heiligen Ökumenischen Zweiten Vatikanischen Konzils. […] Eine solche Spaltung widerspricht aber ganz offenbar dem Willen Christi, sie ist ein Ärgernis für die Welt und ein Schaden für die heilige Sache der Verkündigung des Evangeliums vor allen Geschöpfen.«[6] Für die Bischöfe von Rom gilt diese Verpflichtung auf besondere

Weise, denn ihnen kommt der Dienst an der Einheit zu, was sich im Titel »Pontifex« widerspiegelt. Die Initiativen, dies umzusetzen, sind zahlreich und finden auch in verschiedenen lehramtlichen Schreiben einen Widerhall. Stellvertretend dafür sei die von Papst Johannes Paul II. verfasste Enzyklika über den Einsatz für die Ökumene genannt.[7]

Trotz all dieser Bemühungen erweist sich der Weg als schwierig. Nicht selten erschweren politische Vorgaben, die Anpassung an den Zeitgeist und andere Entwicklungen diese Bestrebungen und tun ihnen Abbruch. Mehr noch, inzwischen drohen selbst jene Aspekte, die bisher als gemeinsame Grundlage zu gelten schienen, zu erodieren. Weder das christliche Menschenbild noch grundlegende ethische Prinzipien können in vielen Fällen noch als gemeinsamer Konsens unter den Konfessionen vorausgesetzt werden.[8]

Zu dieser an sich schwierigen Situation kommt noch verstärkend eine andere Problematik hinzu, denn – dies ist offenkundig – inzwischen haben viele Streitigkeiten und Uneinigkeiten sich den Weg bis ins Innerste der katholischen Kirche gebahnt. So werden selbst fundamentale Glaubenswahrheiten von Katholiken infrage gestellt oder/und sind nicht mehr bekannt. Vor allem junge Menschen fragen sich, warum kirchliche Vertreter sich so sehr um die Einheit der Christen untereinander bemühen, wo doch immer mehr die Einheit *in* der Kirche gefährdet ist. Umso dringlicher stellt sich die Frage, was die Grundlage für die Einheit ist, die als Ausgangspunkt für alle weiteren Überlegungen zu gelten hat.

2. Die Grundlage für die Einheit

Es lohnt sich, ausgehend von der Heiligen Schrift, eine Antwort auf diese Frage zu finden. Dort schildert der Apostel Paulus im Hinblick auf die Streitigkeiten der damaligen Zeit etwas Ähnliches: »Es wurde mir nämlich, meine Brüder und Schwestern, von den Leuten der Chloë berichtet, dass es Streitigkeiten unter euch gibt. Ich meine damit, dass jeder von euch etwas anderes sagt: Ich halte zu Paulus – ich zu Apollos – ich zu Kephas – ich zu Christus« (1 Kor 1,11–12). Die vom Völkerapostel beschriebene Situation scheint der aktuellen Situation zu entsprechen. Weil Einheit keine Selbstverständlichkeit ist, muss zunächst geklärt werden, was deren Grundlage darstellt.

Papst Benedikt XVI. hat während seines Pontifikats darauf Antwort gegeben. Auch aus diesem Grund hat er ein »Jahr des Glaubens« ausgerufen, denn – so hat er deutlich gemacht – der Glaube ist *die* Grundlage für die Einheit in der Kirche. Der Papst verband damit die »Aufforderung zu einer echten und erneuerten Umkehr zum Herrn, dem einzigen Retter der Welt«.[9] Nur ausgehend von diesem gemeinsamen Fundament kann es Einheit in der Kirche geben, denn die katholische Kirche ist die Gemeinschaft derer, die an »Christus glauben«.[10]

Vor diesem Hintergrund muss noch einmal unterstrichen werden, dass der Glaube notwendigerweise die Annahme Jesu Christi und seiner Wahrheit voraussetzt. Romano Guardini hatte dies treffend ausgedrückt, als er schrieb: »Glauben heißt sehen und es damit wagen, dass Christus die Wahrheit ist. Nicht nur ein Lehrender, und wäre es auch der Größte, der aber, zusammen mit allen

Lehrenden sonst, unter dem allgemeinen Maßstab der Wahrheit stünde; nein, die Wahrheit, das ist Er (Joh 14,6). Die Wahrheit heiliger Wirklichkeit beginnt mit Ihm. Wenn Er ausgelöscht werden könnte, dann stünde es nicht so, dass die Wahrheit, die Er gelehrt hat, bestehen bliebe, nur ihr erster Verkünder und bester Vertreter verschwunden wäre, sondern die Wahrheit wäre nicht mehr da. Die lebendige Wahrheit ist Er selbst, der Logos; so heißt Glaube, Ihn dafür zu nehmen und in seine Schule zu gehen.«[11] Es geht dabei nicht vornehmlich um menschliche Überlegungen und Ideen, sondern um die Offenbarung durch das ewige Wort, die der Maßstab für das Leben des Christen und für die Einheit ist. Denn der Glaube ist nichts anderes als die Antwort des Menschen auf die geoffenbarte Wahrheit, der durch die Annahme derselben zum Gläubigen wird.

Damit ist gesagt, dass weder das (äußere) Handeln noch die menschlichen Anstrengungen und Möglichkeiten die Einheit konstituieren, sondern die Rückbindung an die Wahrheit. Jede Einheit, die nicht in der Wahrheit gründet, wäre eine Farce. Die Ablehnung des Wahrheitsanspruchs, dessen Minimierung oder Relativierung, führt folglich weg von der Einheit, weil die gemeinsame Grundlage kompromittiert wird. Für einen kurzen Moment mag so etwas wie ein »Erfolg« aussehen und den Applaus der Menschen nach sich ziehen. In Wirklichkeit wird gerade so die Einheit aufs Spiel gesetzt. Bei der Einheit im Glauben geht es nämlich nicht um menschliche Konventionen, sondern um jene Wahrheit, die ein Synonym für den *Logos* ist, für jene göttliche Wahrheit, die sich in Jesus Christus geoffenbart hat. So schrieb der Apostel Paulus: »Denn einen anderen Grund kann niemand legen als den, der gelegt ist: Jesus Christus« (1 Kor 3,11). Der Bezugspunkt für die Einheit in der Kirche – wie für die Einheit unter den Kirchen und den kirchlichen Gemeinschaften – ist der *Logos*, und zwar so, wie er sich geoffenbart hat. Wenn immer von diesem Bezugspunkt Abstriche gemacht werden, wird nicht der Einheit gedient, sondern ihr Gewalt angetan.

Die katholische Kirche ist nichts anderes als die Gemeinschaft derjenigen, die in der Wahrheit verbleiben. So wie Gott in Jesus Christus Mensch wurde, so kommen die Gläubigen durch die Kirche zu Gott. Dazu ist die Kirche hierarchisch verfasst. Hierarchie bedeutet dabei keineswegs Unterordnung, sondern ist Ausdruck ihrer Verwurzelung im heiligen Ursprung: Gott.[12] Es geht darum, in Gott zu verbleiben, so wie die Rebe am Weinstock (vgl. Joh 15,2–7) verbleibt. Es wäre vermessen, nach einer Einheit außerhalb der Kirche zu streben, wenn man nicht selbst tief im *Logos* verwurzelt wäre. So wird deutlich, dass es bei dem Bemühen um Einheit keineswegs primär um menschliche Anstrengungen oder gar um das Erreichen eines Konsenses geht oder gehen darf. Einheit ist vielmehr, wie auch der Glaube, ein Geschenk. Sie lässt sich folglich nur empfangen und dazu ist die Gemeinschaft mit Gott in seiner Wahrheit grundlegend. Wann immer kirchenpolitische Weichenstellungen oder rein menschliche Bemühungen im Vordergrund stehen, führt das Bemühen um Einheit in die Sackgasse. Die Einheit im Glauben beginnt immer mit, bei und in Gott. Das Gesagte erlaubt, noch einen letzten Punkt anzuführen, der für den Kontext von Bedeutung ist.

2. Die Begegnung mit Gott als Quellgrund der Einheit

Marianne Schlosser hat in ihrem Artikel »Berufen zur Heiligkeit in der *Communio Sanctorum*« einen zentralen Gedanken hervorgehoben, der nach Abschluss des letzten Konzils kaum rezipiert worden ist: die Berufung zur Heiligkeit.[13] Dabei geht es um jene geistliche Grundvoraussetzung, die der Einheit im Glauben am dienlichsten ist. Es geht darum, den Glauben nicht nur mit den Lippen zu bekennen, sondern vor allem mit dem Leben. Daher hat die dogmatische Konstitution über die Kirche gesagt: »Alle Christgläubigen sind also zum Streben nach Heiligkeit und ihrem Stand entsprechender Vollkommenheit eingeladen und verpflichtet. Alle sollen deshalb ihre Willensantriebe richtig leiten, um nicht im Umgang mit Dingen der Welt und durch die Anhänglichkeit an die Reichtümer wider den Geist der evangelischen Armut im Streben nach vollkommener Liebe gehindert zu werden.«[14]

Heiligkeit geht alle Gläubigen an und bedeutet nichts anderes als tiefe Gottverbundenheit, Freundschaft mit Gott. Ihr kommt notwendigerweise eine zweifache Dimension zu: Auf der einen Seite kann es keine Gottverbundenheit geben ohne die Annahme der göttlichen Wahrheit, denn der *Logos* ist Fleisch geworden. Auf der anderen Seite handelt es sich um mehr als bloße Theorie, vielmehr muss sie sich im Leben widerspiegeln. Dann verwirklicht sich, was im Johannesevangelium steht: »Wenn ihr in mir bleibt und meine Worte in euch bleiben, dann bittet um alles, was ihr wollt: Ihr werdet es erhalten« (Joh 15,7). Es kommt also zunächst darauf an, ganz in Gott zu sein. Dabei gilt: »Wenn das Weizenkorn nicht in die Erde fällt und stirbt, bleibt es allein; wenn es aber stirbt, bringt es reiche Frucht« (Joh 12,24). Damit ist gesagt, dass der Christ nur dann zum wahrhaft Gläubigen wird, wenn er frei ist für Gott und für das Geschenk seiner Wahrheit.

Heiligkeit bedeutet daher, die Wahrheit in der Liebe zu tun. Darauf hat Papst Benedikt in seiner Enzyklika *Caritas in veritate* – die Liebe in der Wahrheit – hingewiesen.[15] Seine Theologie trägt christologische Grundzüge, weil sie an der göttlichen Wahrheit Maß nimmt. So hat Joseph Ratzinger wichtige Aussagen gemacht, die sich auf diesen Kontext erhellend auswirken. Er schrieb, dass die innere Spitze der Kirche da ist, »wo am meisten Heiligkeit, am meisten Christusförmigkeit ist. So kann die innere Spitze der Kirche weit hinausreichen über ihre institutionellen Grenzen.«[16] Diese »innere Spitze« ist das pulsierende Herz der Kirche und der Motor für die Einheit. Es gehört zu den großen Defiziten kirchlicher Verkündigung, sich um fast alles Mögliche gekümmert, aber den Ruf nach Heiligkeit vernachlässigt zu haben. So wird die Einheit auch in der Kirche immer brüchiger. Nur eine radikale Rückbesinnung auf den Logos, den Ursprung, Ziel und Maßstab des Glaubens, vermag Abhilfe zu schaffen.

X. Weg der Nachfolge

Die Ausführungen haben deutlich gemacht, dass die Wahrheit *der* Bezugspunkt für den Christen ist, denn Christus selbst ist *die* Wahrheit, die der Christ im Glauben annimmt. In diesem letzten Kapitel soll in Erinnerung gerufen werden, was dies für das eigene Leben bedeutet. Dabei kann folgende Aussage, die von Mutter Teresa von Kalkutta stammt, als Richtlinie dienen. Sie wurde eines Tages von einem Journalisten gefragt, was sich in der Kirche ändern müsse. Der Journalist erwartete ein Reformprogramm und wichtige Impulse für die Veränderung der Kirche, zumal Mutter Teresa im Ruf der Heiligkeit stand. Ihre Antwort verblüffte den Journalisten. Sie schaute diesem tief in die Augen und sagte: »Sie und ich!«

In der heutigen Zeit versuchen sogenannte »Reform-Christen« an die Struktur der Kirche Hand anzulegen. Selbst wenn es um göttliches Recht geht, sind sie sich nicht zu schade, Veränderungen zu fordern. Überall sehen sie Veränderungs- und Reformbedarf, nur nicht bei sich selbst. Die mahnenden Aussagen des Herrn scheinen in Vergessenheit geraten zu sein: »Warum siehst du den Splitter im Auge deines Bruders, aber den Balken in deinem Auge bemerkst du nicht? Oder wie kannst du zu deinem Bruder sagen: Lass mich den Splitter aus deinem Auge herausziehen! – und siehe, in deinem Auge steckt ein Balken! Du Heuchler! Zieh zuerst den Balken aus deinem Auge, dann kannst du zusehen, den Splitter aus dem Auge deines Bruders herauszuziehen!« (Mt 7,3–5).

Mutter Teresa hatte nichts anderes getan, als daran zu erinnern; sie folgte der inneren Logik des Glaubens.

Wer sich aufmacht, der Wahrheit Gottes zu folgen, sollte niemals der Arroganz und Überheblichkeit verfallen zu meinen, sie zu besitzen. Vielmehr kann nur derjenige daran Anteil erhalten, der es gelernt hat, sich dieser Wahrheit unterzuordnen und das Leben nach ihr auszurichten. Aus dieser Perspektive wird deutlich, warum der Apostel Paulus die Korinther ermahnte, dass wir den Schatz des Glaubens »in zerbrechlichen Gefäßen« (2 Kor 4,7) tragen. Er fügte als Begründung hinzu, »dass das Übermaß der Kraft von Gott und nicht von uns kommt«. Weil die geoffenbarte Wahrheit nicht selbst gemacht ist, darf sie nicht auf eine Meinung reduziert werden, die zur Debatte steht und nach den Kriterien und der Mode der Zeit bemessen wird. Dann wäre der Willkür Tür und Tor geöffnet. Vielmehr muss es darum gehen, dass die Kraft Gottes sich in und durch sie entfaltet, damit der Gläubige ihrer teilhaftig wird.

Die Tugend, die dazu die Voraussetzung schafft, heißt Demut. Dabei handelt es sich um die Bereitschaft, sich vorbehaltlos der Wahrheit Gottes unterzuordnen.[1] Was dies konkret bedeutet, lässt sich am Beispiel Jesu Christi zeigen, der von sich sagte: »Ich bin gütig und von Herzen demütig« (Mt 11,29). Diese Aussage findet ihre höchste Verwirklichung in der Passion Christi, als er inständig bittend sich mit den folgenden Worten an Gott Vater wendet: »Vater, wenn du willst, nimm diesen Kelch von mir! Aber nicht mein, sondern dein Wille soll geschehen« (Lk 22,42). Es geht folglich darum, die eigene Meinung, die eigenen Kriterien, die eigenen Wünsche zugunsten der göttlichen Wahrheit zurücktreten zu lassen. Dies ist die Grundvoraussetzung, damit der Schatz des Glaubens angenommen und erhalten bleiben kann.

In der Kirchengeschichte gibt es unzählige Beispiele für Menschen, die diesen Schatz verloren oder aber bewahrt haben. Daher ist es wichtig, noch einmal daran zu erinnern, dass niemand die Wahrheit besitzt oder hat, wohl aber können wir an der Wahrheit Anteil erhalten, wozu die demütige Annahme derselben und die treue Befolgung der Gebote die Grundvoraussetzung bilden (vgl. Joh 14,21). Es handelt sich um eine lebenslange Aufgabe, und diesen Weg müssen wir »immer wieder neu beschreiten, weil er [Jesus Christus] unser ganzes Leben erfasst«.[2] Und dennoch geht es bei der Nachfolge Christi nicht primär darum, dass wir die Wahrheit abstrakt erfassen, sondern dass wir uns von der Wahrheit erfassen lassen, denn »das Wesen deines Wortes ist Wahrheit« (Ps 119,160). Was dies bedeutet, spiegelt sich im »Grundgesetz des Glaubens« wider, in dem es heißt: »Du sollst den Herrn, deinen Gott, lieben mit deinem ganzen Herzen und deiner ganzen Seele, mit deiner ganzen Kraft und deinem ganzen Denken, und deinen Nächsten wie dich selbst« (Lk 10,27). Denn so wie Gott uns zuerst geliebt hat und wir »lediglich« auf seine Liebe antworten, so geht uns auch seine Wahrheit stets voran.

Auf diese Weise erhält das Leben des Christen eine neue Richtung. Romano Guardini hat dazu tiefgründige Gedanken formuliert, die für das Verständnis dieser Zusammenhänge hilfreich sind. Er betonte, dass die geoffenbarte Wahrheit in Jesus Christus zugänglich geworden ist, und schrieb: »Wenn sie richtig aufgenommen wird, bedeutet sie vor allem eine innerste Vergewisserung von der Wirklichkeit des lebendigen Gottes und eine unendlich kostbare Hilfe für den Glauben. Wer diese Erfahrung macht, der kann mit Paulus sagen: ›Ich weiß, wem ich meinen Glauben gegeben habe.‹«[3] Diese »innerste Vergewisserung von der Wirklichkeit des lebendigen Gottes« ist die existenzielle Bestätigung für die Wahrheit des Glaubens. Sie setzt die Begegnung mit dem lebendigen Gott voraus und führt zur Begegnung mit ihm. Weil dieser Aspekt die Theologie von Joseph Ratzinger/Papst Benedikt XVI. kennzeichnet,[4] bietet es sich an, darauf in den weiteren Ausführungen Bezug zu nehmen.

1. Umkehr als Hinkehr zur Wahrheit

Es ist zweifellos wahr: Es gibt so viele Wege zu Gott, wie es Menschen gibt. Auf der anderen Seite gilt aber auch, dass es nur einen Weg zu Gott gibt: *Jesus Christus.* Was auf den ersten Blick wie ein Widerspruch klingt, gehört nach christlichem Verständnis untrennbar zusammen. Denn Jesus Christus ist Mensch geworden, um uns den Weg zu Gott zu zeigen und diesen Weg möglich zu machen. Er selbst ist dieser Weg und somit gibt es nur den einen Weg zum ewigen Leben.[5] Jedoch geht jeder Mensch auf seine Weise auf diesem Weg und von daher gibt es in der Tat so viele Wege zu Gott, wie es Menschen gibt.

Nach katholischer Lehre ist das *et … et*, das Sowohl-als-auch,[6] das grundlegende synthetische Prinzip. Es geht darum, sowohl den Weg, der Jesus Christus ist, als auch den eigenen Weg miteinander in Einklang zu bringen. Dabei muss sich der persönliche Weg in den Weg, der Jesus Christus ist, einfügen. Dies ist und bleibt die Herausforderung für einen jeden Christen, und zwar zeitlebens. Denn was »nützt es einem Menschen, wenn er die ganze Welt gewinnt, dabei aber sein Leben einbüßt? Um welchen Preis kann ein Mensch sein Leben zurückkaufen?« (Mt 16,26).

Die Meister des geistlichen Lebens haben den Weg zu Gott in drei Etappen gegliedert,[7] denen sich die weiteren Ausführungen zuwenden werden. Zu Beginn des Glaubensweges steht die Umkehr, die mit Reinigung und Veränderung (des Lebens) verbunden ist und als *via purgativa* bezeichnet wird. Am Anfang des Glaubens steht nämlich nicht die eigene Meinung, eine Theorie oder eine Vorstellung, sondern die Annahme Jesu Christi. Um ihn im Leben annehmen zu können, muss sich ein jeder Christ zunächst von all dem frei machen, was ihn daran hindert, diesen Schritt zu tun. So heißt es im Evangelium: »Kehrt um und glaubt an das Evangelium!« (Mk 1,15). Die frühen Christen haben damit Ernst gemacht. So gab es beispielsweise eine ganze Liste von Berufen, denen ein Christ nicht (mehr) nachgehen konnte, wollte er Christ werden. Der Weg zu Gott verträgt keine Kompromisse, denn niemand »kann zwei Herren dienen; er wird entweder den einen hassen und den andern lieben oder er wird zu dem einen halten und den anderen verachten« (Lk 16,13). Es gehört zu den großen Schwächen der vergangenen Jahrzehnte, diese Wahrheit vernachlässigt zu haben. So konnte sich die Meinung ausbreiten, dass man sehr wohl zwei oder mehreren Herren dienen kann. Überall und in fast allen Bereichen macht man leichtfertig Kompromisse. Der Kompromiss – selbst wenn Glaubenswahrheiten davon betroffen sind –

scheint gar die Errungenschaft des modernen Menschen zu sein. Doch gerade auf diese Weise verliert der Glaube seine Überzeugungskraft.

Kardinal Joseph Ratzinger brachte es auf den Punkt, als er schrieb: »Wer von der Umkehr umkehrt, geht rückwärts statt vorwärts. Wenn die wahre Richtung, das heißt die Richtung der Wahrheit gefunden ist, bleibt sie eine Richtung, ein Weg; bleibt sie Ziel und fordert Bewegung.«[8] Wer nämlich von der Umkehr umkehrt, der sieht den Splitter im Auge des Nächsten, den Balken im eigenen Auge erkennt er nicht mehr. Umkehr bedeutet nichts anderes als Hinkehr zu Gott. Auf diese Weise bekräftigt der Christ, dass er sich nicht selbst Maßstab ist, sondern dass er *den* Maßstab für sein Handeln angenommen hat: Jesus Christus. »Die *Conversio* (die ›Bekehrung‹, die Umkehr) ist mit Selbsterkenntnis identisch und Selbsterkenntnis ist der Kern aller wahren Erkenntnis. *Conversio* ist die Weise, wie der Mensch sich findet und dann die Frage aller Fragen erkennt: Wie kann ich Gott anbeten? Es ist die Frage seines Heils.«[9]

Stephan Horn hat diesen Vorgang als »Preisgabe der Autonomie« bezeichnet und damit einen Gedanken aufgenommen,[10] den Joseph Ratzinger anlässlich des 100. Geburtstags von Romano Guardini geäußert hat: »Wer Christus sehen will, muss ›umkehren‹, muss aus der Autonomie des eigenmächtigen Denkens heraustreten in die hörende Bereitschaft, die entgegennimmt, was ist. Hier verschmilzt die Forderung phänomenologischer Philosophie […] mit der Grundidee des Glaubens, der Umkehr des Lebens ist, das sich einen neuen Maßstab *geben* lässt und von ihm her das Ganze neu versteht.«[11]

Wenn von Umkehr im christlichen Sinn gesprochen wird, handelt es sich nicht bloß um eine Neuausrichtung, sondern um einen Prozess, der – nach dem Zeugnis der Heiligen Schrift – an Radikalität nicht zu überbieten ist. Er wird mit einem Todesvorgang verglichen, in dem das autonome Ich sich selbst stirbt – das Gleichnis vom Weizenkorn beschreibt diesen Vorgang eindrucksvoll (vgl. Joh 12,24) –, um sich dann in ein neues Subjekt einzufügen und reiche Frucht zu bringen.[12] Es geht darum, mit Christus gekreuzigt zu sein, um nicht mehr sich selbst zu leben, sondern damit Christus in uns lebt (vgl. Gal 2,20). Durch die Zurücknahme des eigenen »Ich« entsteht Platz für das »Du« Gottes (vgl. Joh 3,30). Erst auf diese Weise erhält der Christ Anteil am Weg Gottes. Damit ist keineswegs gemeint, dass der Christ seine eigene Persönlichkeit aufgeben soll, vielmehr wird sie durch die richtig verstandene und praktizierte Umkehr und durch die Gnade Gottes zur Vollendung gebracht.

Mit anderen Worten: Durch die Umkehr wird der eigene Weg zum Weg Gottes. Dies kann nur dann gelingen, wenn das »Ich« in das »Du« Gottes übergeht. Anklänge daran, wie sich dies verhält, finden sich im hohepriesterlichen Gebet Jesu, in dem es heißt: »Heiliger Vater, bewahre sie in deinem Namen, den du mir gegeben hast, damit sie eins sind wie wir!« (Joh 17,11). Daran schließt sich die Bitte an: »Heilige sie in der Wahrheit; dein Wort ist Wahrheit« (Joh 17,17). Der Herr bittet um Heiligung für die Seinen, d.h., dass sie an Gott Anteil erhalten. Dies geschieht immer dann, wenn die Gläubigen bereit sind, in den Prozess der Reinigung, des Sichselber-Sterbens einzutreten. So ist die Umkehr – als Hinwendung zur Wahrheit – der erste Schritt auf dem Weg zu Gott. Wenn sie fehlt oder verloren geht, dann fehlt der Kompass auf dem Glaubensweg.[13]

Diese Überlegungen machen deutlich, dass Umkehr weit mehr ist als eine Theorie. Daher gibt es eigens ein Sakrament der »Umkehr«: die Beichte. So schrieb Papst Johannes Paul II. in seinem Apostolischen Schreiben über Versöhnung und Buße: »Das Reden über Sünde und Umkehr darf nicht bei abstrakten Begriffen stehen bleiben.«[14] Umkehr wird konkret im Sakrament. Wo das Bußsakrament vernachlässigt oder gar aufgegeben wird, da – um noch einmal auf die Worte Joseph Ratzingers zurückzukommen – geschieht Umkehr von der Umkehr, da geht man nicht vorwärts, sondern rückwärts, nicht hin zu Gott, sondern weg von Gott. Der Empfang des Beichtsakramentes ist der sichtbarste Indikator für die Umkehrbereitschaft der Gläubigen. Denn in der Beichte wird das, was Gott entgegensteht – die Sünde – vergeben. Durch diese konkrete Art der Umkehr wird der Gläubige befähigt, den Weg Gottes anzunehmen und auf ihm zu gehen.

2. Erleuchtung durch die Wahrheit des Glaubens

Die Umkehr führt zu einer neuen Perspektive, die von der Wahrheit Gottes erhellt wird. Auch aus diesem Grund wurde die Taufe in der frühen Kirche als »Erleuchtung« bezeichnet. Damit wird zum Ausdruck gebracht, dass es sich bei der Glaubenserkenntnis um eine gänzlich neue Art der Erkenntnis handelt. Das Licht Gottes erhellt den Menschen gleichsam von innen her. Was in der Taufe sakramental geschenkt wird, muss im Leben eines jeden eingeholt und umgesetzt werden.

Daher bezeichneten die Kirchenväter diesen Weg, der sich an die Reinigung und Umkehr anschließt, als *via illuminativa*, als Weg der Erleuchtung. Dabei geht es nicht um eine subjektive Meinung und Idee, vielmehr ist es das Licht Gottes, durch das die göttlichen Geheimnisse sichtbar werden. Dies führt zwangsläufig zu einer veränderten Perspektive, weil sich der Horizont der Wirklichkeit weitet, der nun über den Tod hinausreicht, bis hinein in die Ewigkeit Gottes. Die neu gewonnene Erkenntnis stammt nicht aus dem Eigenen, sondern wird vom Heiligen Geist geschenkt. Michael Fiedrowicz hat gezeigt, dass diese Art der Erkenntnis – die auf Schrift und Tradition gründet – den wahren Theologen kennzeichnet. Denn schon den Kirchenvätern ging es nicht darum, »von Gott zu sprechen, sondern vor Gott zu sprechen«.[15] Es ließe sich noch ergänzen: mit Gott zu sprechen.

Das Zweite Vatikanische Konzil hat diesen Aspekt in der pastoralen Konstitution über die Kirche in der Welt von heute in ähnlicher Form dargelegt. Dort heißt es: »Tatsächlich klärt sich nur im Geheimnis des fleischgewordenen Wortes das Geheimnis des Menschen wahrhaft auf. […] Christus, der neue Adam, tut sich eben in der Offenbarung des Geheimnisses des Vaters und seiner Liebe dem Menschen den Menschen selbst voll kund und erschließt ihm seine höchste Berufung.«[16] Indem der Mensch sich auf Gott zubewegt, den er sucht und liebt, bewegt er sich auf das unerschaffene Licht zu, das Gott ist. Nicht ohne Grund bekennen die Christen jeden Sonntag im Glaubensbekenntnis, dass Gott »Licht vom Licht« ist.

Dies wird tiefsinnig im Prolog des Johannesevangeliums beschrieben, in dem Johannes das Licht Gottes als »wahres Licht« bezeichnet, »das jeden Menschen erleuchtet« (Joh 1,9). Weiter wird darüber gesagt: »In ihm war das Leben und das Leben war das Licht der Menschen. Und das Licht leuchtet in der Finsternis und die Finsternis hat es nicht erfasst« (Joh 1,4–5). Der Glaube ist ein Licht, das den Gläubigen innerlich erleuchtet und ihn die Wahrheit Gottes erkennen lässt. Je größer der Glaube ist, desto mehr erhellt das Licht den Gläubigen. Dies wurde in der Enzyklika über den Glauben zum Ausdruck gebracht, die mit den folgenden Worten beginnt: »Das Licht des Glaubens.«[17] Und weiter heißt es: »Wer glaubt, sieht; er sieht mit einem Licht, das die gesamte Wegstrecke erleuchtet, weil es vom auferstandenen Christus her zu uns kommt, dem Morgenstern, der nicht untergeht.«[18] Umgekehrt folgt daraus: Wo das Licht des Glaubens fehlt, da wird der Mensch richtungslos und wie ein Herumirrender, er ist nicht mehr in der Lage, zwischen Gut und Böse zu unterscheiden.[19]

Es gehört zu den großen Irrtümern der Gegenwart zu meinen, man könne über den Glauben sprechen, diskutieren oder ihn gar reformieren, ohne auf die Wahrheit des Glaubens Bezug zu nehmen oder sie zu respektieren. Auf diese Weise würde sich bewahrheiten, wovor der Herr eindrücklich gewarnt hat. »Es sind blinde Blindenführer. Und wenn ein Blinder einen Blinden führt, werden beide in eine Grube fallen« (Mt 15,14). Der Glaube macht sehend, er ist eine übernatürliche Tugend und somit Geschenk des Heiligen Geistes. Er unterstellt sich der Wahrheit, die von Gott kommt, weil diese Wahrheit sehend macht. Alle anderen Wege würden bestenfalls zu unfruchtbaren Diskussionen führen, die nur in Frustration enden können, weil ihnen das Licht der Wahrheit fehlt.

3. Gemeinschaft in der Wahrheit

Der Prozess der Umkehr führt – wenn er aufrichtig und ernsthaft in Angriff genommen wird – zur inneren Erleuchtung. Auf diese Weise erkennt der Gläubige den Weg, der zu Gott und damit zum ewigen Leben führt. Diese Erkenntnis ist noch nicht ausreichend, sie allein rettet nicht. Es gilt, diese Erkenntnis fruchtbar werden zu lassen, und das geschieht, wenn man eintritt in die Gemeinschaft mit Gott, der das Ziel des menschlichen Lebens ist. Es handelt sich um eine von Jesus Christus geschenkte Gottesgemeinschaft, die darin besteht, an ihm Anteil zu erhalten. Sie wurde in der Tradition der Kirche als *via unitiva* bezeichnet. So wie Gott herabstieg, um uns Weg zu sein, so kann der Mensch durch ihn hinaufsteigen, in die Gemeinschaft mit Gott. Dabei ist Jesus Christus der Mittler zwischen Gott und den Menschen (vgl. 1 Tim 2,5). Er ist die Tür (vgl. Joh 10,7) und der Weg zum ewigen Leben (vgl. Joh 14,6).

Von diesem Grundverständnis aus wird deutlich, wie die Gemeinschaft in der Wahrheit – die Gott ist – vorzustellen ist. Ein Kommentar von Papst Benedikt XVI. erweist sich auch in diesem Kontext als erhellend. Er schrieb: »Wer Jesus sieht, sieht den Vater (Joh 14,9). Der Jünger, der mit Jesus mitgeht, wird so mit ihm in die Gottesgemeinschaft hineingezogen. Und dies ist das eigentlich Erlösende. Die Überschreitung der Schranken des Menschseins, die durch die Gottesebenbildlichkeit als Erwartung und als Möglichkeit im Menschen schon von der Schöpfung her angelegt ist.«[20] Diese Aussagen deuten an, wie die Gemeinschaft mit Gott zu verstehen ist. Umkehr führt zur Erkenntnis der Wahrheit, die wiederum die Grundlage für wahrhaftige Gemeinschaft ist. Die höchste Form der Gemeinschaft ist die Kommunion, die Gemeinschaft in der Liebe. Hier drehen sich die Prinzipien um, denn in diesem Kontext macht wahre Liebe keineswegs blind, vielmehr führt sie zum Sehen. Wer liebt, will erkennen, um mehr zu lieben.

Nun ist Gott der Ursprung der wahren Liebe, wie es im ersten Johannesbrief heißt: »Wir wollen lieben, weil er uns zuerst geliebt hat« (1 Joh 4,19). Die Gemeinschaft mit Gott geht von Gott aus, der durch seine Wahrheit erkannt wird. Der Mensch tritt in sie ein durch die Liebe, die ihn mit Gott verbindet.

Damit diese Ausführungen nicht zu theoretisch bleiben, soll an dieser Stelle gefragt werden, wie man sich dies vorstellen kann. Überfordert ein so hoher Anspruch nicht einen jeden Menschen? Auch in diesem Kontext erweisen sich die Ausführungen von Kardinal Ratzinger als erhellend. Er schrieb: »Die Nachfolge Christi heißt nicht: den Menschen Jesus nachahmen. Ein solcher Versuch schlägt notwendigerweise fehl; er wäre ein Anachronismus. Die Nachfolge Christi hat ein viel höheres Ziel: Christus ähnlich werden; und das bedeutet: zur Vereinigung mit Gott kommen.«[21] Gott bietet uns die Gemeinschaft mit ihm an, deswegen ist er Mensch geworden. Sie ist ein unverdientes Geschenk. Wie jedes Geschenk kann man es annehmen oder auch ablehnen.

Die Gemeinschaft mit Gott ist Gemeinschaft in der Wahrheit und in der Liebe, wobei die Wahrheit den Weg zeigt, wie wahrhaftig zu lieben ist. Dabei geht es darum, Anteil zu erhalten an »der göttlichen Natur« (vgl. 2 Petr 1,4) und somit am göttlichen Leben. Die Apostel haben diese Gemeinschaft als Teilhabe am Leben der Dreifaltigkeit verstanden, als Liebesgemeinschaft, »die den Sohn mit dem Vater und mit den Menschen verbindet, gleichzeitig Vorbild und Quelle der brüderlichen Gemeinschaft ist, die die Jünger untereinander verbinden soll: ›Liebt einander, so wie ich euch geliebt habe‹ (Joh 15,12; vgl. 13,34). ›Alle sollen eins sein … wie wir eins sind‹ (Joh 17,21.22): also Gemeinschaft der Menschen mit dem dreifaltigen Gott und Gemeinschaft der Menschen untereinander.«[22]

An dieser Stelle lohnt es sich, noch einmal auf das hohepriesterliche Gebet Jesu zurückzukommen. Im Gebet an Gott Vater sagt der Herr: »Heilige sie in der Wahrheit; dein Wort ist Wahrheit« (Joh 17,17). »Heiligen« bedeutet, »den Menschen, dieses arme und endliche Geschöpf, dazu zu befähigen, mit Gott in Verbindung zu treten, mit seiner unermesslichen Herrlichkeit«.[23] Und diese Heiligung geschieht durch die Annahme der Wahrheit, »weil die Wahrheit heiligt«.[24] Damit zeigt sich, dass die Gemeinschaft mit Gott Gemeinschaft in der Wahrheit ist, weil die Annahme der Wahrheit den Menschen befähigt, an Gott Anteil zu erhalten. Dies wiederum erfordert Demut, die Wahrheit anzunehmen und sich ihr unterzuordnen, sich auf sie einzulassen und in sie einzutreten. Wer sich darauf einlässt, der versteht, warum die Wahrheit befreit (vgl. Joh 8,32).

So ist die Hinkehr zur Wahrheit die Grundbedingung des Christseins. Durch sie wird der Weg erkennbar, der zu Gott führt. In der Gemeinschaft der Wahrheit zu verbleiben ist notwendig, um in der Gemeinschaft mit Gott leben zu können. So sei abschließend noch einmal Papst Benedikt XVI. zitiert, der sich als »Mitarbeiter der Wahrheit« verstand. Er schrieb: »Das einzige Bad, das uns zum Kontakt mit Gott befähigen und geeignet machen kann, ist die Wahrheit. Gott ist die Wahrheit, seine ›Heiligkeit‹ ist, dass er die Wahrheit ist. Die Heiligung, die wir für die Vereinigung mit Gott nötig haben, ist das Bad der Wahrheit. ›Heilige sie in der Wahrheit.‹«[25]

Schlusswort

Ein Unternehmen geht gewöhnlich nicht daran zugrunde, dass Fehler gemacht werden, denn Fehler sind menschlich. Ein Unternehmen geht aber dann zugrunde, wenn es vom Eigentlichen abrückt und sich auf Sekundäres beschränkt, wenn es dem ursprünglichen Auftrag nicht mehr gerecht wird. Natürlich ist die Kirche kein Unternehmen, aber auch in der Kirche besteht die Gefahr, dass über alles gesprochen und das Eigentliche vernachlässigt wird. Wie oft wird in der kirchlichen Verkündigung über die göttliche Wahrheit gesprochen? Wie oft werden die Gläubigen mit diesem Thema konfrontiert?

Die Ausführungen dieses Buches haben deutlich werden lassen, warum es Klarheit durch die Wahrheit braucht, denn die Wahrheit ist die Mitte christlicher Verkündigung. Jeder Abstrich davon, jeder falsche Kompromiss oder jede Verwässerung ist kein Fortschritt, sondern ein Abkommen vom Weg. Die Wahrheit weist den Weg zu Gott, und die Wahrheitsfähigkeit ist jedem Menschen ins Herz geschrieben.[1]

Es gehört zur Tragik unserer Zeit, dass viele Menschen sich nicht mehr auf den Weg machen, um die befreiende Kraft der Wahrheit zu suchen. Entweder haben sie es sich bequem eingerichtet und ziehen es vor, nach ihren eigenen »Wahrheiten« zu leben, oder sie wollen der Wahrheit nicht folgen, weil sie wissen, dass die Wahrheit unbequem ist. Dabei merken sie oft nicht einmal, dass sie – wenn sie auf die Wahrheit verzichten – um das Wesentliche im Leben gebracht werden. Sie rennen diesem und jenem nach, suchen aber nicht das einzig Notwendige: Gott, der sich als *die* Wahrheit geoffenbart hat.

Dieses Buch soll als Ermunterung dienen, sich auf den Weg zu machen, um die befreiende Kraft der göttlichen Wahrheit zu suchen. »Denn wer bittet, der empfängt; wer sucht, der findet; und wer anklopft, dem wird geöffnet« (Mt 7,8). Die Wahrheit Gottes ist nicht bedrohlich oder zu erhaben, als dass wir sie nicht erreichen könnten. Sie ist vielmehr das Licht des Geistes, das die Finsternis erleuchtet (vgl. Joh 1,5). Wie viel Finsternis gibt es in unserer Zeit und wie dringlich brauchen wir das Licht aus der Höhe. Die Finsternis ist dadurch gekennzeichnet, dass sie auf der Lüge gründet, die den Menschen versklavt, unfrei macht und den Blick trübt. Schon der Prophet Jesaja stellte als Abhilfe in Aussicht: »Wer im Dunkel lebt und wem kein Licht leuchtet, der vertraue auf den Namen des HERRN und verlasse sich auf seinen Gott« (Jes 50,10).

Das Licht der Wahrheit ist der Quell- und Bezugspunkt christlichen Glaubens. »Christus ist das Licht der Völker«, und die Kirche soll dieses Licht auf ihrem Antlitz widerspiegeln.[2] Ihre primäre Aufgabe besteht darin, die in Jesus Christus geoffenbarte Wahrheit den Menschen zugänglich zu machen.[3] Dieser Aufgabe wird sie in unserer Zeit nur dann gerecht werden können, wenn ein neues Bewusstsein gegenüber der Wahrheit entsteht. Sie ist weder eine Last, die die Freiheit des Menschen einschränkt, noch ist sie die Ursache für Intoleranz oder Konflikte, sondern sie macht frei. Sie befreit von falscher Selbstgerechtigkeit, von der Lüge, vom Bösen, von der Dunkelheit.

Die Lehre der Kirche ist dann authentische Lehre, wenn sie der göttlichen Wahrheit entspricht. Denn die Kirche erfindet den Maßstab ihres Handelns nicht – so wie es Anmaßung wäre, wenn ein Mensch das tun würde –, vielmehr ist die Wahrheit, die Jesus Christus geoffenbart hat, der Maßstab. Wer in Christus und in seinem Leib – der Kirche – verbleiben will, der muss sich seiner Wahrheit unterordnen. Der Kirche kommt die Aufgabe zu, diese Wahrheit, die aus der Vergangenheit kommt, in die Gegenwart zu vermitteln, wobei sie auf die Zukunft ausgerichtet bleibt.

Auch wenn es unangenehm sein kann, sich der Wahrheit zu stellen und sie zum Maßstab für das eigene Leben zu erheben, zumal sich der Stolz und die Bequemlichkeit als Haupthindernisse erweisen, so gibt es doch keinen anderen Weg, um zum Ziel zu gelangen. Denn die Gemeinschaft mit Gott ist Gemeinschaft in der Wahrheit und jede auf Dauer angelegte Gemeinschaft muss eine Gemeinschaft in der Wahrheit sein, denn – wie das Sprichwort sagt – Lügen haben kurze Beine. Die Erkenntnis der Wahrheit ist die Bedingung für die Liebe, weil nur das geliebt werden kann, was erkannt wird und was wahr ist.

Wenn es Klarheit durch die Wahrheit gibt, dann kann man sich an vielen Punkten reiben, an Herausforderung wird es sicher nicht fehlen, aber man wird auf dem Weg bleiben, der wahrhaft frei macht, weil er zum Ziel führt. Denn die Wahrheit verliert nie ihre Attraktivität, wie entstellt und verdreht sie auch werden mag. Ihr Licht darf nicht unter den Scheffel gestellt werden, »sondern auf den Leuchter; dann leuchtet sie allen im Haus« (Mt 5,15). So und nur so kann es eine wirkliche Erneuerung des

Glaubens und der Kirche geben. Denn *dia-logos* (Dialog) ist nichts anderes als der Aufbruch zum *Logos*, frei übersetzt, der Weg zur Wahrheit.

Anmerkungen

I. Der Glaube verdunstet in den Seelen

1 Vgl. Ralph Weimann, Der Glaube verdunstet in den Seelen. Das Jahr des Glaubens zur Überwindung der Glaubenskrise, in: Die Neue Ordnung (NOrd) 66 (2012), 417–428.

2 Romano Guardini, *Vom Sinn der Kirche. Fünf Vorträge. Die Kirche des Herrn. Meditationen über Wesen und Auftrag der Kirche*, F. Henrich (Hrsg.), Mainz u. a. 1990, 19.

3 Romano Guardini, *Die religiöse Offenheit der Gegenwart. Gedanken zum geistigen und religiösen Zeitgeschehen (1934)*, mit einer Einführung von S. Waanders, Paderborn 2008, 86.

4 Dazu vgl. Ralph Weimann, *Bioethical Challenges at the End of Life. An Ethical Guide in Catholic Perspective*, New York 2022, 17–25.

5 Vgl. Ralph Weimann, *Bioethik in einer säkularisierten Gesellschaft. Ethische Probleme der PID*, Paderborn 2015.

6 Vgl. beispielsweise Birgit Kelle, *Noch normal? Das lässt sich gendern! Gender-Politik ist das Problem, nicht die Lösung*, München 2020.

7 Vgl. Ernst-Wolfgang Böckenförde, *Staat, Gesellschaft, Freiheit*, Berlin 1976, 60.

8 Vgl. Kap. VII.

9 Johannes Paul II., Enzyklika *Ecclesia de Eucharistia*, in: Verlautbarungen des Apostolischen Stuhls (VApSt) 159, Bonn [3]2003, 1.

10 Ebd.

11 Vgl. beispielsweise *Sacrosanctum Concilium* (SC) 14.

12 Joseph Ratzinger, IV. Theologie der Liturgie, in: Joseph Ratzinger Gesammelte Schriften (JRGS) 11 (2008), 639–565, hier: 652.

13 Romano Guardini, *Die Annahme seiner selbst. Den Menschen erkennt nur, wer von Gott weiß*, Kevelaer 2010, 53.

14 Dazu ausführlicher vgl. Ralph Weimann, Kirchenkrise – Glaubenskrise. Sackgassen und Lösungsansätze, in: NOrd 74 (2020), 4–16.

[15] John Henry Kardinal Newman, *Zur Philosophie und Theologie des Glaubens. Oxforder Universitätspredigten*, übersetzt von Max Hofmann und Werner Becker, Ausgewählte Werke, Bd. VI, Mainz 1996, 117.

[16] Propstei St. Peter und Paul, Bochum 2023, Infobrief Nr. 14. Dort heißt es: »Jede/r kann sich vorab zu Hause oder in der Kirche vorbereiten, tritt dann nach der Messe vor den anwesenden Priester, beginnt die Beichte mit dem Kreuzzeichen und trägt still ohne laute Worte seine Sünden vor Gott. Anschließend bittet sie/er um die Lossprechung, die der Priester ihr/ihm im Namen Gottes zuspricht. So muss keiner in den Beichtstuhl und kann dennoch seine Sünden vergeben bekommen.«

[17] Vgl. Kardinal Marx entschuldigt sich für Diskriminierung Homosexueller, 14. 3. 2022, in: https://www.katholisch.de/artikel/33490-kardinal-marx-entschuldigt-sich-fuer-diskriminierung-homosexueller [abgerufen am 14. 1. 2024].

[18] Karl Rahner hat diesen Begriff in die Theologie eingebracht und ihm zum Durchbruch verholfen. Dazu: Karl Rahner, Theologie und Anthropologie, in: ders., *Schriften zur Theologie*, Bd. VIII, 43–65, hier bes. 43. Zur Rezeption und einer kritischen Evaluation vgl. vor allem: Cornelio Fabro, *La svolta antropologica di Karl Rahner*, Mailand 1974, bes. 209; 87–97; 209–212. Vgl. auch: Peter Eicher, *Die anthropologische Wende. Karl Rahners philosophischer Weg vom Wesen des Menschen zur personalen Existenz*, Freiburg 1970, 330–331. Wenn auch nicht ohne eine gewisse Polemik, so hat doch Giovanni Cavalcoli deutlich gemacht, dass Karl Rahner der Auslöser einer theologischen Revolution ist, die auf einer neuen Anthropologie gründet und die Theologie vom Menschen her denkt. Dazu vgl. Giovanni Cavalcoli, *Karl Rahner. Il Concilio tradito*, Verona 2009, bes. 170–176.

II. Neuerungen – gefährliche Zäsur

[1] Vgl. Harry Büsser, Warnungen vor KI-Weltherrschaft, 4. 4. 2023, in: https://www.handelszeitung.ch/unternehmen/kunstliche-intelligenz-selbst-elon-musk-sieht-eine-gefahr-fur-die-menschheit-589555 [abgerufen am 14. 1. 2024]. Dazu vgl. auch: Ralph

Weimann, Künstliche Intelligenz – Segen oder Fluch?, in: NOrd 77 (2023), 341–351.

2 Vgl. Romano Guardini, *Das Ende der Neuzeit. Ein Versuch zur Orientierung*, Würzburg 1954, 65–106. Dazu vgl. Ralph Weimann, Europäische Identität. Zwischen Willkommens-, Wohlstands- und Leitkultur, in: NOrd 70 (2016), 25–33.

3 Joseph Ratzinger, Einführung in das Christentum. Vorlesungen über das Apostolische Glaubensbekenntnis, in: JRGS 4 (2014), 31–322, hier: 71 f.

4 Ebd., 75.

5 Franziskus, Nachsynodales Apostolisches Schreiben *Amoris laetitia*, in: VApSt 204, Bonn 2016, 56.

6 Joseph Ratzinger, Einführung in das Christentum, a. a. O., 76.

7 Vgl. dazu: Ralph Weimann, *Dogma und Fortschritt bei Joseph Ratzinger. Prinzipien der Kontinuität*, Paderborn 2012.

8 Benedikt XVI., Ansprache an das Kardinalskollegium und die Mitglieder der Römischen Kurie beim Weihnachtsempfang, 22. 12. 2005, in: https://www.vatican.va/content/benedict-xvi/de/speeches/2005/december/documents/hf_ben_xvi_spe_20051222_roman-curia.html [abgerufen am 4. 4. 2023].

9 Benedikt XVI., ebd.

10 Dazu vgl. Ralph Weimann, Hermeneutik der Reform als Erneuerung in Kontinuität, in: Mitteilungen. Institut Papst Benedikt XVI. (MIPB) 4/2011, 59–82.

III. Ringen um das Verständnis des Glaubens

1 Marianne Schlosser, *Attendite a falsis prophetis*. Thomas von Aquin über Prophetie und falsche Propheten, in: Pietro Luca Azzaro und Federico Lombardi (Hrsg.), *Cooperatori della Verità. Scritti in onore del Papa emerito Benedetto XVI per il 95° compleanno*, Vatikanstadt 2022, 159–202, hier: 186.

2 Ebd.

3 Ebd., 186–187.

4 Ebd., 188.

5 So zitiert in: ebd., 189–190.

6 Ebd., 190.

[7] Benedikt XVI., Ansprache an das Kardinalskollegium, a. a. O., 11.

[8] Marianne Schlosser, *Attendite a falsis prophetis*, a. a. O., 170.

[9] Einen guten Überblick im Hinblick auf die Ausführungen von John Henry Newman bietet: Hermann Geißler, *John Henry Newman. Ein neuer Kirchenlehrer?*, Heiligenkreuz im Wienerwald 2023, 31–51.

[10] Michael Fiedrowicz (Hrsg.), *Vinzenz von Lérins – Commonitorium*, Mühlheim 2011, 7,4.

[11] Zweites Vatikanisches Konzil, *Dei Verbum* 1.

[12] Ralph Weimann, *Dogma und Fortschritt bei Joseph Ratzinger. Prinzipien der Kontinuität*, Paderborn 2012, 311.

[13] Walter Brandmüller, Das Konzil und die Konzile. Das 2. Vatikanum im Licht der Konziliengeschichte, in: Piegsa, Joachim (Hrsg.), *Zweites Vatikanisches Konzil. Das bleibende Anliegen*, St. Ottilien 1991, 21–44, hier 37.

[14] Ebd., 42.

[15] Zweites Vatikanisches Konzil, *Dei Verbum* 10.

[16] Vgl. Walter Brandmüller, *Licht und Schatten, Kirchengeschichte zwischen Glaube, Fakten und Legenden*, Augsburg 2007, 108.

[17] Vgl. Kurt Koch, *Das Geheimnis des Senfkorns. Grundzüge des theologischen Denkens von Papst Benedikt XVI.*, in: Ratzinger-Studien (RaSt) III, Regensburg 2010, 195. Koch beschreibt das Wesen von Reform wie folgt: »Denn sie [Hermeneutik der Reform] geht davon aus, dass das Konzil eine Erneuerung der Kirche im Sinne der Re-Form unter Wahrung ihrer grundlegenden Identität gewollt hat, um die ›Form‹ der Kirche von ihren Quellen und damit vom Ursprünglichen her zu erneuern.« Ebd., 195.

[18] Henri de Lubac, *Die göttliche Offenbarung. Kommentar zum Vorwort und zum ersten Kapitel der Dogmatischen Konstitution »Dei Verbum« des Zweiten Vatikanischen Konzils*, aus dem Französischen übertragen und eingeleitet von Rudolf Voderholzer, Einsiedeln 2001, 253.

[19] Henri de Lubac, *Die Kirche. Eine Betrachtung*, übertragen und eingeleitet von Hans Urs von Balthasar, Einsiedeln 1968, 189. Der Titel wurde bereits 1954 in der französischen Ausgabe *Méditation sur l'Église* publiziert. Über die Verhältnisbestimmung von Haupt und Gliedern in der Kirche wurde viel diskutiert. Ratzinger charakterisiert das beiderseitige Verhältnis nicht als »Identität«, sondern als »dynamische Vereinigung«. Vgl. Joseph Ratzinger, *Weg-*

gemeinschaft des Glaubens. Kirche als Communio, Schülerkreis (Hrsg.), Augsburg 2002, 29–30.

20 Johannes Paul II., *Die Schwelle der Hoffnung überschreiten*, Vittorio Messori (Hrsg.), aus dem Italienischen von I. Esters, Hamburg [2]1994, 118.

21 Glaubenskongregation, Schreiben *Placuit Deo* über einige Aspekte des christlichen Heils, in: VApSt 212, Bonn 2018.

22 Zweites Vatikanisches Konzil, *Lumen gentium* 14.

23 Ebd.

24 So zitiert in: Benedikt XVI., *Licht der Welt. Der Papst, die Kirche und die Zeichen der Zeit. Ein Gespräch mit Peter Seewald*, Freiburg i. Br. 2010, 20–21.

25 Zweites Vatikanisches Konzil, *Dei Verbum* 10.

26 Ebd.

IV. Stein des Anstoßes – die geoffenbarte Wahrheit

1 Vgl. Benedikt XVI., Enzyklika *Deus caritas est*, in: VApSt 171, Bonn [7]2014, 12.

2 Vgl. Ralph Weimann, Il Martirio. Suprema testimonianza d'amore, in: M. Graulich und ders. (Hrsg.) *Deus Caritas Est. Porta di Misericordia*, Vatikan 2016, 123–141.

3 Johannes Chrysostomus, Homilia in epistolam ad Timotheum, Hom. 10,3: PG 62, 551 f. Deutsche Übersetzung nach: Lektionar zum Stundenbuch II/7, Freiburg i. Br. 1980, 46–47, hier 47.

4 Vgl. Tertullian, *Apologeticum* 50,13.

5 Vgl. Pius XI., Enzyklika *Mit brennender Sorge*, vom 14. März 1937, in: https://www.vatican.va/content/pius-xi/de/encyclicals/documents/hf_p-xi_enc_14031937_mit-brennender-sorge.html [abgerufen am 15. 1. 2024].

6 Diese Tatsache hat Sławomir Oder hervorgehoben, wobei er der Rolle von Papst Johannes Paul II. eine besondere Wichtigkeit beimisst. Vgl. Sławomir Oder, *Darum ist er heilig. Der wahre Johannes Paul II.: Erzählt aus der Sicht seines Postulators im Seligsprechungsprozess*, Kißlegg-Immenried 2014, 98–101.

7 Das internationale und überkonfessionelle christliche Hilfswerk »Open Doors« veröffentlicht dazu jährliche Statistiken, die jedoch in der westlichen Welt wenig Resonanz finden. Demnach werden momentan – Stand 2023 – mehr als 365 Millionen Christen verfolgt. Vgl. Open Doors, World Watch List 2024, in: https://www.opendoors.org/en-US/persecution/countries/ [abgerufen am 20.1.2024]. Vgl. auch: John L. Allen, *The Global War on Christians. Dispatches from the Front Lines of Anti-Christian Persecution*, New York 2013.

8 Vgl. beispielsweise das Leben von Papst Johannes Paul II. Dazu: Sławomir Oder, *Darum ist er heilig*, 42–45.

9 Johannes Paul II. hat darauf hingewiesen, dass sich die Medien häufig zu Komplizen einer Verschwörung gegen das Leben und zugunsten einer »Kultur des Todes« machen. Vgl. Johannes Paul II., Enzyklika *Evangelium vitae*, in: VApSt 120, Bonn [6]2009, 17.

10 Bernd J. Claret, »Stachel im Fleisch« einer gleichgültigen Welt. Zur Berufung der Christen in der gegenwärtigen Zeitsituation, in: Internationale katholische Zeitschrift Communio (IKaZ) 25 (1996), 57–68, hier: 58.

11 Paolo Rodari, Andrea Tornielli, *Attacco a Ratzinger. Accuse e scandali, profezie e complotti contro Benedetto XVI*, Mailand 2010, 298 f.

12 Dessen war sich Papst Benedikt XVI. sehr wohl bewusst, als er seinen petrinischen Dienst begann. So sagte er in der Heiligen Messe zur Amtseinführung: »Betet für mich, dass ich nicht furchtsam vor den Wölfen fliehe. Beten wir füreinander, dass der Herr uns trägt und dass wir durch ihn einander zu tragen lernen.« Benedikt XVI., Predigt »Heilige Messe zur Amtseinführung« vom 24.4.2005, in: VApSt, 30–36, hier: 34.

13 Vgl. Kap. III.

14 Vgl. Fulton J. Sheen, *Old Errors and New Labels*, New York 2007, 201–202.

15 Joseph Ratzinger, Die neuen Heiden in der Kirche, in: JRGS 8/2 (2010), 1143–1158, hier 1143.

16 Vgl. Wladimir Solowjew, *Kurze Erzählung vom Antichrist*, Donauwörth [10]2009, 37.

17 Joseph Ratzinger/Benedikt XVI., Teil A. Jesus von Nazareth, in: JRGS 6/1 (2013), 40–413, hier 166. Der Papst lehnt damit keines-

wegs die moderne Exegese ab, wohl aber eine Lesart, die die Bibel dem Maßstab des sogenannten modernen Weltbildes unterwirft, »dessen Grunddogma es ist, dass Gott in der Geschichte gar nicht handeln kann – dass also alles, was Gott betrifft, in den Bereich des Subjektiven zu verlegen sei«. Ebd.

V. Gefährdete Wahrheit – gefährdeter Glaube

1 Clive Staples Lewis, *Dienstanweisung für einen Unterteufel*, Freiburg im Breisgau [22]2013, 120.

2 Joseph Ratzinger, Predigt. Heilige Messe Pro eligendo Romano Pontifice, in: VApSt 168, Bonn 2005, 12–16, hier: 14.

3 Vgl. Franziskus, *Amoris laetitia*, 56.

4 Vgl. Pius XII., Sermo Sollemnis Conventus, in: Acta Apostolicae Sedis (AAS) 31 (1939), 247.

5 Romano Guardini, *Vom Geist der Liturgie*, Paderborn [20]1997, 83.

6 Vgl. Gerhard Ludwig Müller, *Ampliare l'orizzonte della ragione. Per una lettura di Joseph Ratzinger – Benedetto XVI*, Vatikanstadt 2012, 55.

7 Dazu vgl. Dietrich von Hildebrand, *Das trojanische Pferd in der Stadt Gottes*, St. Ottilien 1992, 142.

8 Udo Di Fabio, Einführung in das Grundgesetz, in: Beck-Texte (Hrsg.), *Grundgesetz mit Vertrag über die abschließende Regelung in Bezug auf Deutschland, Menschenrechtskonvention, Verfahrensordnung Europäischer Gerichtshof für Menschenrechte, Bundesverfassungsgerichtsgesetz, Parteiengesetz, Untersuchungsausschussgesetz und Gesetz über den Petitionsausschuss*. Textausgabe mit ausführlichem Sachverzeichnis und einer Einführung von Prof. Dr. Dr. Udo Di Fabio, Nördlingen [40]2005, VII–XIV, hier VII.

9 Dazu vgl. Ralph Weimann, Der Glaube an den dreifaltigen Gott und das Menschenbild, in: G. Augustin u. a. (Hrsg.), *Der dreifaltige Gott. Christlicher Glaube im säkularen Zeitalter*. Für Gerhard Ludwig Müller, Freiburg i. Br. 2017, 181–197.

10 Zweites Vatikanisches Konzil, *Gaudium et spes* 36.

11 Vgl. Deutschlandfunk, Anstößige Inhalte, 4. 6. 2023, in: https://www.deutschlandfunk.de/grund-und-mittelschulen-in-utah-verbannen-die-bibel-102.html [abgerufen am 20. 1. 2024].

12 Joseph Ratzinger, Pluralismus als Frage an Kirche und Theologie, in: JRGS 9/1 (2016), 211–233, hier: 228. An anderer Stelle spricht der Kardinal von einer falschen Demut, »die dem Menschen die Wahrheitsfähigkeit abspricht, und den falschen Hochmut, mit dem er sich über die Dinge, über die Wahrheit selber stellt, indem er die Ausweitung seiner Macht, die Herrschaft über die Dinge zum Ziel all seines Denkens erhebt«. Joseph Ratzinger, Glaube, Wahrheit und Kultur – Reflexionen im Anschluss an die Enzyklika »Fides et ratio«, in: JRGS 3/1 (2020), 457–479, hier: 459. Dazu ausführlicher in: Ralph Weimann, *Dogma und Fortschritt*, 104–110.

13 Benedikt XVI., Ansprache an engagierte Katholiken aus Kirche und Gesellschaft, in: VApSt 189, Bonn 2011, 144–150, hier: 149–150.

14 Vgl. Kurt Koch, *Entweltlichung und andere Versuche, das Christliche zu retten*, Augsburg 2012, 22 f.

15 Gregor der Große, Hom. VII in Ezechiel, 76, 842.

16 Franziskus, Enzyklika *Lumen fidei*, in: VApSt 193, Bonn 2013, 24.

VI. Die Bedeutung der Wahrheit für den Glauben

1 Benedikt XVI., Apostolischer Segen *Urbi et Orbi*, in: VApSt 168, 18–19, hier: 18

2 Benedikt XVI., Predigt. Heilige Messe zur Amtseinführung, a. a. O., 32.

3 Vgl. Joseph Ratzinger, Das Offenbarungsverständnis und die Geschichtstheologie Bonaventuras, in: JRGS 2 (2009), 53–659. Dazu vgl. den Sammelband: Marianne Schlosser, Franz-Xaver Heibl (Hrsg.), *Gegenwart der Offenbarung. Zu den Bonaventura-Forschungen Joseph Ratzingers*, in: RaSt II, Regensburg 2011.

4 Joseph Ratzinger, Bemerkungen zum Schema »De fontibus revelationis«, in: JRGS 7/1 (2012), 157–174, hier 161.

5 Ebd., 160.

6 Ebd., 157.

7 Joseph Ratzinger, Bemerkungen zum Schema, 160.

8 Vgl. Joseph Ratzinger, *Aus meinem Leben. Erinnerungen (1927–1977)*, München 1998, 129.

9 Ebd.

10 Joseph Ratzinger, Eschatologie – Tod und ewiges Leben, in: JRGS 10 (2012), 31–276, hier: 275. Dazu vgl. im Detail: Ralph Weimann, *Dogma und Fortschritt*, 79–163.

11 Benedikt XVI., Enzyklika *Spe salvi*, in: VApSt 179, Bonn 2007, 6.

12 Im Gespräch mit Vittorio Messori antwortete der damalige Präfekt der Glaubenskongregation auf die Frage, ob es heute noch Häretiker und Häresien gebe, wie folgt: »Lassen Sie mich zunächst einmal auf die Antwort verweisen, die der neue Codex des kanonischen Rechtes hierauf gibt, der 1983 promulgiert und der konziliaren Erneuerung angepasst ist. Im Canon 751 heißt es: ›Häresie nennt man die nach Empfang der Taufe erfolgte beharrliche Leugnung einer kraft göttlichen und katholischen Glaubens zu glaubenden Wahrheit oder einen beharrlichen Zweifel an einer solchen Glaubenswahrheit.‹ Was Sanktionen betrifft, so setzt Canon 1364 fest, dass der Häretiker – wie der Apostat und der Schismatiker – der Exkommunikation *latae sententiae* verfällt. Dies gilt für alle Gläubigen, aber die Maßnahmen sind gegenüber dem Häretiker, der zugleich Priester ist, gravierender.« Joseph Ratzinger, Zur Lage des Glaubens, in: JRGS 13/1 (2016), 27–204, hier: 45.

13 Joseph Ratzinger, Die Einheit des Glaubens und der theologische Pluralismus, in: JRGS 9/1 (2016), 159–210, hier: 182.

14 Ebd., 186.

15 Franziskus, Enzyklika *Lumen fidei* 8.

16 Joseph Ratzinger, Glaube als Umkehr – Metanoia, in: JRGS 9/1, Freiburg i. Br. 2016, 70–84, hier: 79.

17 Ebd., 80.

VII. Entweltlichung und die Zukunft der Kirche

1 Vgl. Mannheim, Heidelberg, Gießen, Sexueller Missbrauch an Minderjährigen durch katholische Priester, Diakone und männliche Ordensangehörige im Bereich der Deutschen Bischofskonferenz, 24. September 2018, in: https://www.zi-mannheim.de/fileadmin/user_upload/downloads/forschung/forschungsverbuende/MHG-Studie-gesamt.pdf [abgerufen am 20.1.2024].

2 Vgl. Joseph Ratzinger, *Aus meinem Leben*, 75. Peter Seewald hat die Details und die Reaktionen, die er auf seinen Artikel erhalten hat, eindrücklich geschildert und in den historischen Kontext eingeordnet. Vgl. Peter Seewald, *Benedikt XVI. Ein Leben*, München 2020, 313–325.

3 Vgl. Joseph Ratzinger, Die neuen Heiden und die Kirche, in: JRGS 8/2 (2010), 1143–1158, hier 1143. Dazu vgl. auch die Ausführungen von Thorsten Paprotny, »Strebt nach dem, was im Himmel ist«. Theologische und ekklesiologische Überlegungen zur »Entweltlichung der Kirche«, in: MiPB 5 (2012) 62–79, bes. 72–77.

4 Joseph Ratzinger, Die neuen Heiden und die Kirche, 1144.

5 Vgl. Katholische Kirche in Deutschland, Statistische Daten 2022, in: https://www.dbk.de/fileadmin/redaktion/diverse_downloads/presse_2023/DBK_FLY_Statistik_2022_Ansicht.pdf [abgerufen am 20.1.2024].

6 Joseph Ratzinger, Die neuen Heiden und die Kirche, a.a.O., 1144.

7 Ebd.

8 Ebd.

9 Vgl. Franziskus, Enzyklika *Lumen fidei* 8.

10 Zweites Vatikanisches Konzil, *Lumen gentium* 14.

11 Joseph Ratzinger, Die neuen Heiden und die Kirche, a.a.O., 1148.

12 Ebd., 1148–1149.

13 Vgl. Benedikt XVI., Ansprache an engagierte Katholiken, a.a.O., 144–150. Dazu vgl. auch: Ralph Weimann, Zwischen Traditionalismus und Modernismus. Neuevangelisierung als Ausweg?, in: NOrd 66 (5/2013), 335–347.

14 Joseph Ratzinger, Die neuen Heiden und die Kirche, a.a.O., 1149.

15 Ebd.

16 Dazu vgl. den Sammelband: Markus Graulich (Hrsg.), *Katechese und die Herausforderungen heute*, Kißlegg-Immenried 2021.

17 Zweites Vatikanisches Konzil, *Lumen gentium* 1.

18 Dazu vgl. die Ausführungen von Hans Urs von Balthasar, *Schleifung der Bastionen*, Einsiedeln [5]1989.

19 Darauf hat Rod Dreher mit Nachdruck hingewiesen und konkrete Vorschläge unterbreitet. Vgl. Rod Dreher, *Die Benedikt-Option. Eine Strategie für Christen in einer nachchristlichen Gesellschaft*, übersetzt von Tobias Klein, Kißlegg-Immenried 2018.

20 Benedikt XVI., Ansprache an engagierte Katholiken, a. a. O., 148.

21 Vgl. ebd.

VIII. Die Quelle der Erneuerung – lebendiger Glaube

1 Vgl. Georg May, *300 Jahre gläubige & ungläubige Theologie*, Stuttgart [2]2017.

2 Dazu führt die dogmatische Konstitution über die göttliche Offenbarung aus: »Darin [im Gehorsam des Glaubens] überantwortet sich der Mensch Gott als ganzer in Freiheit, indem er sich ›dem offenbarenden Gott mit Verstand und Willen voll unterwirft‹ und seiner Offenbarung willig zustimmt«, Zweites Vatikanisches Konzil, *Dei Verbum* 5.

3 Michael Fiedrowicz, *Handbuch der Patristik. Quellentexte zur Theologie der Kirchenväter*, Freiburg i. Br. 2010, 533.

4 Johannes Paul II., Enzyklika *Veritatis splendor*, in: VApSt 111, Bonn [5]1995, 61.

5 Franziskus, Enzyklika *Lumen fidei* 10.

6 Zweites Vatikanisches Konzil, *Dei Verbum* 2.

7 Ebd., 24.

8 Zweites Vatikanisches Konzil, *Lumen gentium* 14.

9 Zweites Vatikanisches Konzil, *Dei Verbum* 2.

IX. Die Einheit im Glauben

1 Benedikt XVI., *Die Kirchenväter – frühe Lehrer der Christenheit*, Regensburg 2008, 20.

2 Ebd.

3 Im Konzilsdekret über den Ökumenismus heißt es: »Unter der ›Ökumenischen Bewegung‹ versteht man Tätigkeiten und Unternehmungen, die je nach den verschiedenartigen Bedürfnissen der Kirche und nach Möglichkeit der Zeitverhältnisse zur Förderung der Einheit der Christen ins Leben gerufen und auf dieses Ziel ausgerichtet sind. Dazu gehört: zunächst alles Bemühen zur Ausmerzung aller Worte, Urteile und Taten, die der Lage der getrennten Brüder nach Gerechtigkeit und Wahrheit nicht entspre-

chen und dadurch die gegenseitigen Beziehungen mit ihnen erschweren; ferner der ›Dialog‹, der bei Zusammenkünften der Christen aus verschiedenen Kirchen oder Gemeinschaften, die vom Geist der Frömmigkeit bestimmt sind, von wohlunterrichteten Sachverständigen geführt wird, wobei ein jeder die Lehre seiner Gemeinschaft tiefer und genauer erklärt, sodass das Charakteristische daran deutlich hervortritt. [...] Von hier aus gelangen diese Gemeinschaften auch zu einer stärkeren Zusammenarbeit in den Aufgaben des Gemeinwohls, die jedes christliche Gewissen fordert, und sie kommen, wo es erlaubt ist, zum gemeinsamen Gebet zusammen. Schließlich prüfen hierbei alle ihre Treue gegenüber dem Willen Christi hinsichtlich der Kirche und gehen tatkräftig ans Werk der notwendigen Erneuerung und Reform.« Zweites Vatikanisches Konzil, *Unitatis redintegratio* 4. Zur ökumenischen Bewegung vgl. Aloys Klein, Art. Ökumene. II. Geschichte, in: [3]LThK, Bd. 7, Freiburg u.a. 1998, 1017–1022.

4 Papst Benedikt XV. ermutigte die ganze Kirche, für die Einheit der Christen zu beten. Dazu wurde u.a. ein eigenes Gebet verfasst. Vgl. Benedikt XV., *Litterae Apostolicae Cum Catholicae Ecclesiae*, in: AAS 8 (1916), 137f.

5 Einen guten Überblick über Geschichte, Ziel und Aufgabe, Struktur und Aufbau des Sekretariats zur Förderung der Einheit der Christen, das seit dem Inkrafttreten der Apostolischen Konstitution *Pastor Bonus* am 1. März 1989 *Päpstlicher Rat zur Förderung der Einheit der Christen* (Einheitsrat) heißt, bietet der Einheitsrat selbst auf seiner Webseite: Vgl. Der Päpstliche Rat zur Förderung der Einheit der Christen, in: http://www.vatican.va/roman_curia/pontifical_councils/chrstuni/documents/rc_pc_chrstuni_pro_20051996_chrstuni_pro_ge.html [abgerufen am 20.1.2024]. Dabei haben die neuesten Änderungen auf dieser Seite noch keinen Eingang gefunden. Seit dem 19. März 2022 lautet die offizielle Bezeichnung: Dikasterium zur Förderung der Einheit der Christen.

6 Zweites Vatikanisches Konzil, *Unitatis Redintegratio* 1.

7 Vgl. Johannes Paul II., Enzyklika *Ut unum sint*, in: VApSt 121, Bonn 1995.

8 Um nur ein Beispiel zu nennen. Die EKD hat im Oktober 2023 eine Stellungnahme veröffentlicht, in der sie Regulierungen des

»Schwangerschaftsabbruchs« mit Straffreiheit formuliert. Dazu vgl. EKD, Stellungnahme des Rates der EKD, 11.10.2023, in: https://www.ekd.de/ekd_de/ds_doc/EKD-Stellungnahme_Schwangerschaftsabbruch_Rat_der_EKD.pdf [abgerufen am 20.1.2024]. Das Buch *Alles gleich gültig?* bietet einen guten Überblick über diese Entwicklung. Vgl. Markus Graulich (Hrsg.), *Alles gleich gültig? Theologische Differenzierungen zum Votum »Gemeinsam am Tisch des Herrn«*, Freiburg i.Br. 2022.

9 Benedikt XVI., Apostolisches Schreiben in Form eines »Motu proprio« Porta fidei, in: VApSt 191, Bonn 2011, 6.

10 Zweites Vatikanisches Konzil, *Lumen gentium* 2.

11 Romano Guardini, *Der Herr. Betrachtungen über die Person und das Leben Jesu Christi*, Ostfildern [18]2011, 353. Dazu vgl. bes. Kap. VI.

12 Hilfreich dazu sind die Ausführungen von Joseph Ratzinger. Er unterscheidet in Anlehnung an die Primatstheologie von Bonaventura zwischen einem äußeren Einheitsprinzip der Kirche (Hierarchie) und einem inneren Einheitsprinzip (Jesus Christus). Vgl. Joseph Ratzinger, *Das neue Volk Gottes. Entwürfe zur Ekklesiologie*, Düsseldorf [2]1970, 67. Dazu ausführlicher vgl. Ralph Weimann, *Dogma und Fortschritt*, 268–271. Der sakramentale Grund kirchlicher Existenz verbindet diese beiden Einheitsprinzipien. So bedeutet »für Ratzinger Nachfolge im hierarchischen Dienst ein Indienstgenommen-Werden durch Christus, das ewige Wort, um seine Gegenwart im Wort und Sakrament zu bezeugen und hinter dem Anvertrauten selbst zurückzutreten, um gleichsam Stimme zu sein, die dem ewigen Logos ›die Lautwerdung in der Welt‹ verschafft«. Maximilian Heinrich Heim, *Joseph Ratzinger – Kirchliche Existenz und existentielle Theologie. Ekklesiologische Grundlinien unter dem Anspruch von Lumen gentium. Mit einem Geleitwort von Joseph Kardinal Ratzinger* (= Bamberger Theologische Studien, Bd. 22), Frankfurt a.M. [2]2005, 408.

13 Vgl. Marianne Schlosser, »Berufen zur Heiligkeit in der *Communio Sanctorum*. Anmerkungen zum 5. Kapitel von ›Lumen gentium‹«, in: IKaZ 42 (2013) 448–459.

14 Zweites Vatikanisches Konzil, *Lumen gentium* 42.

15 Vgl. Benedikt XVI., Enzyklika *Caritas in veritate*, in: VApSt 186, Bonn 2009.

16 Joseph Ratzinger, Theologische Aufgaben und Fragen bei der Begegnung lutherischer und katholischer Theologen nach dem Konzil, in: JRGS 7/2, Freiburg i. Br. 2012, 955–979, hier: 976.

X. Weg der Nachfolge

1 Vgl. Kap. V., 2.

2 Kurt Koch, *Entweltlichung*, 105.

3 Romano Guardini, *Vorschule des Betens*, Paderborn [5]2011, 118.

4 Vgl. Kurt Koch, *Das Geheimnis des Senfkorns*, 41. Dazu vgl. auch: Stephan Horn, Zur Spiritualität von Joseph Ratzinger/Papst Benedikt, in: Michaela Christine Hastetter, Helmut Hoping (Hrsg.), *Ein hörendes Herz. Hinführung zur Theologie und Spiritualität von Joseph Ratzinger/Papst Benedikt XVI.*, in: RaSt V, Regensburg 2013, 90–104.

5 Dazu vgl. Ralph Weimann, *Wegweisung für das Ewige Leben*, Kißlegg-Immenried [3]2023.

6 Es ist das Verdienst von Mauro Gagliardi, dies eindrücklich aufgezeigt zu haben. Vgl. Mauro Gagliardi, *La verità è sintetica. Teologia dogmatica cattolica*, Siena 2017.

7 Vgl. Javier Sesé, *Historia de la espiritualidad*, Pamplona 2005, 90.

8 Joseph Ratzinger, Glaube als Umkehr, a. a. O., 79.

9 Joseph Ratzinger, Glaube und Erfahrung, in: JRGS 9/1 (2016), 85–100, hier 100.

10 Stephan Horn, Zur Spiritualität von Joseph Ratzinger, a. a. O., 93 f.

11 Joseph Ratzinger, Von der Liturgie zur Christologie. Romano Guardinis theologischer Grundansatz und seine Aussagekraft, in: JRGS 6/2 (2013), 719–741, hier: 739.

12 Vgl. Stephan Horn, Zur Spiritualität von Joseph Ratzinger, a. a. O., 94.

13 Vgl. Ralph Weimann, *Wegweisung für verunsicherte Christen*, Kißlegg-Immenried [3]2023.

14 Johannes Paul II., Apostolisches Schreiben *Reconciliatio et paenitentia*, in: VApSt 60, Bonn 1984, 13.

15 Michael Fiedrowicz, *Theologie der Kirchenväter. Grundlagen frühchristlicher Glaubensreflexion*, Freiburg i. Br. [2]2010, 436. Fiedrowicz

veranschaulicht das Gesagte, indem er sich auf Gregor von Nazianz beruft und ihn mit den folgenden Aussagen zitiert: »Ich [Gregor von Nazianz] beschloss, mich stattdessen an ein Denken zu halten, das dem Glauben besser entspricht, mich auf wenige Worte zu beschränken, den Heiligen Geist als Führer zu nehmen und die Erleuchtung, die ich von ihm empfangen habe, als edle Gefährtin und Vertraute bis zum Ende zu bewahren.« Ebd.

16 Zweites Vatikanisches Konzil, *Gaudium et spes* 22.

17 Franziskus, Enzyklika *Lumen fidei* 1.

18 Ebd.

19 Vgl. ebd., 3.

20 Joseph Ratzinger, Teil A. Jesus von Nazareth, a. a. O., 145.

21 Joseph Ratzinger, Die Neuevangelisierung, in: JRGS 8/2 (2010), 1231–1242, hier: 1241.

22 Benedikt XVI., *Christus und seine Kirche. Das Fundament der Apostel*, Augsburg 2007, 20 f. Dazu gehört für Joseph Ratzinger/Papst Benedikt ganz wesentlich die eucharistische Gemeinschaft, denn in »der Eucharistie speist Jesus uns, vereint uns mit sich, mit dem Vater, mit dem Heiligen Geist und miteinander, und dieses Netz der Einheit, das die Welt umfasst, ist eine Vorwegnahme der künftigen Welt in unserer Zeit«. Ebd., 21.

23 Joseph Ratzinger, Die wahre Demut der Geschöpfe, in: JRGS 14/3 (2019), 1347–1351, hier: 1347.

24 Ebd., 1349.

25 Ebd., 1347 f.

Schlusswort

1 Dazu vgl. das grundlegende Werk von Wolfgang Waldstein, *Ins Herz geschrieben. Das Naturrecht als Fundament einer menschlichen Gesellschaft*, Augsburg 2010.

2 Vgl. Zweites Vatikanisches Konzil, *Lumen gentium* 1.

3 Vgl. Zweites Vatikanisches Konzil, *Dei Verbum* 2.

Bibliografie

1. Lehramtliche Quellen (in chronologischer Ordnung)

Benedikt XV., *Litterae Apostolicae Cum Catholicae Ecclesiae*, in: AAS 8 (1916), 137 f.

Pius XI., Enzyklika *Mit brennender Sorge* vom 14. März 1937, in: https://www.vatican.va/content/pius-xi/de/encyclicals/documents/hf_p-xi_enc_14031937_mit-brennender-sorge.html [abgerufen am 15. 1. 2024].

Pius XII., Sermo Sollemnis Conventus, in: AAS 31 (1939) 247.

Johannes Paul II., Apostolisches Schreiben *Reconciliatio et paenitentia*, in: VApSt 60, Bonn 1984.

Ders., Enzyklika *Veritatis splendor*, in: VApSt 111, Bonn [5]1995.

Ders., Enzyklika *Evangelium vitae*, in: VApSt 120, Bonn [6]2009.

Ders., Enzyklika *Ut unum sint*, in: VApSt 121, Bonn 1995.

Der Päpstliche Rat zur Förderung der Einheit der Christen, in: http://www.vatican.va/roman_curia/pontifical_councils/chrstuni/documents/rc_pc_chrstuni_pro_20051996_chrstuni_pro_ge.html [abgerufen am 20. 1. 2024].

Johannes Paul II., Enzyklika *Ecclesia de Eucharistia*, in: VApSt 159, Bonn [3]2003.

Joseph Kardinal Ratzinger, Predigt. Heilige Messe Pro eligendo Romano Pontifice, in: VApSt 168, Bonn 2005, 12–16.

Benedikt XVI., Apostolischer Segen *Urbi et Orbi*, in: VApSt 168, Bonn 2005, 18–19.

Ders., Predigt. Heilige Messe zur Amtseinführung, in: VApSt 168, Bonn 2005, 30–36.

Ders., Enzyklika *Deus caritas est*, in: VApSt 171, Bonn [7]2014.

Ders., Enzyklika *Spe salvi*, in: VApSt 179, Bonn 2007.

Ders., *Christus und seine Kirche. Das Fundament der Apostel*, Augsburg 2007.

Ders., *Die Kirchenväter – frühe Lehrer der Christenheit*, Regensburg 2008.

Ders., Enzyklika *Caritas in veritate*, in: VApSt 186, Bonn 2009.
Ders., Ansprache an engagierte Katholiken aus Kirche und Gesellschaft, in: VApSt 189, Bonn 2011, 144–150.
Ders., Apostolisches Schreiben in Form eines *Motu proprio. Porta fidei*, in: VApSt 191, Bonn 2011.
Franziskus, Enzyklika *Lumen fidei*, in: VApSt 193, Bonn 2013.
Ders., Nachsynodales Apostolisches Schreiben *Amoris laetitia*, in: VApSt 204, Bonn 2016.

2. Andere Quellen (in alphabetischer Ordnung)

Allen, John L., *The Global War on Christians. Dispatches from the Front Lines of Anti-Christian Persecution*, New York 2013.
Balthasar, Hans Urs von, *Schleifung der Bastionen*, Einsiedeln [5]1989.
Böckenförde, Ernst-Wolfgang, *Staat, Gesellschaft, Freiheit*, Berlin 1976.
Cavalcoli, Giovanni, *Karl Rahner. Il Concilio tradito*, Verona 2009.
Chrysostomus, Johannes, Homilia in epistolam ad Timotheum, Hom. 10,3: PG 62, 551 f. Deutsche Übersetzung nach: Lektionar zum Stundenbuch II/7, Freiburg i. Br. 1980, 46–47.
Claret, Bernd J., »Stachel im Fleisch« einer gleichgültigen Welt. Zur Berufung der Christen in der gegenwärtigen Zeitsituation, in: IKaZ 25 (1996) 57–68.
Di Fabio, Udo, Einführung in das Grundgesetz, in: Beck-Texte (Hrsg.), *Grundgesetz mit Vertrag über die abschließende Regelung in Bezug auf Deutschland, Menschenrechtskonvention, Verfahrensordnung Europäischer Gerichtshof für Menschenrechte, Bundesverfassungsgerichtsgesetz, Parteiengesetz, Untersuchungsausschussgesetz und Gesetz über den Petitionsausschuss*. Textausgabe mit ausführlichem Sachverzeichnis und einer Einführung von Professor Dr. Dr. Udo Di Fabio, Nördlingen [40]2005, VII–XIV.
Dreher, Rod, *Die Benedikt-Option. Eine Strategie für Christen in einer nachchristlichen Gesellschaft*, übersetzt von Tobias Klein, Kißlegg-Immenried 2018.
Eicher, Peter, *Die anthropologische Wende. Karl Rahners philosophischer Weg vom Wesen des Menschen zur personalen Existenz*, Freiburg 1970.

Fabro, Cornelio, *La svolta antropologica di Karl Rahner*, Mailand 1974.

Fiedrowicz, Michael (Hrsg.), *Vinzenz von Lérins – Commonitorium*, Mühlheim 2011.

Ders., *Handbuch der Patristik. Quellentexte zur Theologie der Kirchenväter*, Freiburg i. Br. 2010.

Ders., *Theologie der Kirchenväter. Grundlagen frühchristlicher Glaubensreflexion*, Freiburg i. Br. [2]2010.

Gagliardi, Mauro, *La verità è sintetica. Teologia dogmatica cattolica*, Siena 2017.

Geißler, Hermann, *John Henry Newman. Ein neuer Kirchenlehrer?*, Heiligenkreuz im Wienerwald 2023.

Graulich, Markus (Hrsg.), *Alles gleich gültig? Theologische Differenzierungen zum Votum »Gemeinsam am Tisch des Herrn«*, Freiburg i. Br. 2022.

Ders., (Hrsg.), *Katechese und die Herausforderungen heute*, Kißlegg-Immenried 2021.

Gregor der Große, Hom. VII in: Ezechiel, 76, 842.

Guardini, Romano, *Das Ende der Neuzeit. Ein Versuch zur Orientierung*, Würzburg 1954.

Ders., *Der Herr. Betrachtungen über die Person und das Leben Jesu Christi*, Ostfildern [18]2011.

Ders., *Die Annahme seiner selbst. Den Menschen erkennt nur, wer von Gott weiß*, Kevelaer 2010.

Ders., *Die religiöse Offenheit der Gegenwart. Gedanken zum geistigen und religiösen Zeitgeschehen (1934)*, mit einer Einführung von S. Waanders, Paderborn 2008.

Ders., *Vom Geist der Liturgie*, Paderborn [20]1997.

Ders., *Vom Sinn der Kirche. Fünf Vorträge. Die Kirche des Herrn. Meditationen über Wesen und Auftrag der Kirche*, F. Henrich (Hrsg.), Mainz u. a. 1990.

Ders., *Vorschule des Betens*, Paderborn [5]2011.

Heim, Maximilian Heinrich, *Joseph Ratzinger – Kirchliche Existenz und existentielle Theologie. Ekklesiologische Grundlinien unter dem Anspruch von Lumen gentium. Mit einem Geleitwort von Joseph Kardinal Ratzinger* (= Bamberger Theologische Studien, Bd. 22), Frankfurt a. M. [2]2005.

Hildebrand, Dietrich von, *Das trojanische Pferd in der Stadt Gottes*, St. Ottilien 1992.

Horn, Stephan, »Zur Spiritualität von Joseph Ratzinger/Papst Benedikt«, in: Michaela Christine Hastetter, Helmut Hoping (Hrsg.), *Ein hörendes Herz. Hinführung zur Theologie und Spiritualität von Joseph Ratzinger/Papst Benedikt XVI.*, in: RaSt V, Regensburg 2013, 90–104.

Kelle, Birgit, *Noch normal? Das lässt sich gendern! Gender-Politik ist das Problem, nicht die Lösung*, München 2020.

Klein, Aloys, Art. Ökumene. II. Geschichte, in: ³LThK, Bd. 7, Freiburg u. a. 1998, 1017–1022.

Koch, Kurt, *Das Geheimnis des Senfkorns. Grundzüge des theologischen Denkens von Papst Benedikt XVI.*, in: RaSt III, Regensburg 2010.

Ders., *Entweltlichung und andere Versuche, das Christliche zu retten*, Augsburg 2012.

Lewis, Clive Staples, *Dienstanweisung für einen Unterteufel*, Freiburg im Breisgau ²²2013.

May, Georg, *300 Jahre gläubige & ungläubige Theologie*, Stuttgart ²2017.

Müller, Gerhard Ludwig, *Ampliare l'orizzonte della ragione. Per una lettura di Joseph Ratzinger – Benedetto XVI*, Vatikanstadt 2012.

Newman, John Henry, *Zur Philosophie und Theologie des Glaubens. Oxforder Universitätspredigten*, übersetzt von Max Hofmann und Werner Becker, Ausgewählte Werke, Bd. VI, Mainz 1996.

Oder, Sławomir, *Darum ist er heilig. Der wahre Johannes Paul II.: Erzählt aus der Sicht seines Postulators im Seligsprechungsprozess*, Kißlegg-Immenried 2014.

Paprotny, Thorsten, »Strebt nach dem, was im Himmel ist«. Theologische und ekklesiologische Überlegungen zur »Entweltlichung der Kirche«, in: MiPB 5 (2012) 62–79.

Propstei St. Peter und Paul, Bochum 2023, Infobrief Nr. 14.

Rahner, Karl, Theologie und Anthropologie, in: ders., *Schriften zur Theologie*, Bd. VIII.

Ratzinger, Joseph, *Aus meinem Leben. Erinnerungen (1927–1977)*, München 1998.

Ders., Bemerkungen zum Schema »De fontibus revelationis«, in: JRGS 7/1 (2012), 157–174.

Ders., Das Offenbarungsverständnis und die Geschichtstheologie Bonaventuras, in: JRGS 2 (2009), 53–659.

Ders., *Das neue Volk Gottes. Entwürfe zur Ekklesiologie*, Düsseldorf ²1970.

Ders., Die Einheit des Glaubens und der theologische Pluralismus, in: JRGS 9/1 (2016), 159–210.
Ders., Die neuen Heiden in der Kirche, in: JRGS 8/2 (2010), 1143–1158.
Ders., Die Neuevangelisierung, in: JRGS 8/2 (2010), 1231–1242.
Ders., Die wahre Demut der Geschöpfe, in: JRGS 14/3 (2019), 1347–1351.
Ders., Einführung in das Christentum. Vorlesungen über das Apostolische Glaubensbekenntnis, in: JRGS 4 (2014), 31–322.
Ders., Eschatologie – Tod und ewiges Leben, in: JRGS 10 (2012), 31–276.
Ders., Glaube als Umkehr – Metanoia, in: JRGS 9/1 (2016), 70–84.
Ders., Glaube und Erfahrung, in: JRGS 9/1 (2016), 85–100.
Ders., Glaube, Wahrheit und Kultur – Reflexionen im Anschluss an die Enzyklika »Fides et ratio«, in: JRGS 3/1 (2020), 457–479.
Ders., Pluralismus als Frage an Kirche und Theologie, in: JRGS 9/1 (2016), 211–233.
Ders., Teil A. Jesus von Nazareth, in: JRGS 6/1 (2013), 40–413.
Ders., IV. Theologie der Liturgie, in: JRGS 11 (2008), 639–565.
Ders., Theologische Aufgaben und Fragen bei der Begegnung lutherischer und katholischer Theologen nach dem Konzil, in: JRGS 7/2 (2012), 955–979.
Ders., Von der Liturgie zur Christologie. Romano Guardinis theologischer Grundansatz und seine Aussagekraft, in: JRGS 6/2 (2013), 719–741.
Ders., Zur Lage des Glaubens, in: JRGS 13/1 (2016), 27–204.
Rodari, Paolo, Tornielli, Andrea, *Attacco a Ratzinger. Accuse e scandali, profezie e complotti contro Benedetto XVI*, Mailand 2010.
Schlosser, Marianne, Heibl, Franz-Xaver (Hrsg.), *Gegenwart der Offenbarung. Zu den Bonaventura-Forschungen Joseph Ratzingers*, in: RaSt II, Regensburg 2011.
Schlosser, Marianne, »Berufen zur Heiligkeit in der *Communio Sanctorum*. Anmerkungen zum 5. Kapitel von ›Lumen gentium‹«, in: IKaZ 42 (2013) 448–459.
Sesé, Javier, *Historia de la espiritualidad*, Pamplona 2005.
Seewald, Peter, *Benedikt XVI. Ein Leben*, München 2020.
Sheen, Fulton J., *Old Errors and New Labels*, New York 2007.

Solowjew, Wladimir, *Kurze Erzählung vom Antichrist*, Donauwörth [10]2009.

Waldstein, Wolfgang, *Ins Herz geschrieben. Das Naturrecht als Fundament einer menschlichen Gesellschaft*, Augsburg 2010.

Weimann, Ralph, *Bioethical Challenges at the End of Life. An Ethical Guide in Catholic Perspective*, New York 2022.

Ders., *Bioethik in einer säkularisierten Gesellschaft. Ethische Probleme der PID*, Paderborn 2015.

Ders., Der Glaube an den dreifaltigen Gott und das Menschenbild, in: G. Augustin u. a. (Hrsg.), *Der dreifaltige Gott. Christlicher Glaube im säkularen Zeitalter.* Für Gerhard Ludwig Müller, Freiburg i. Br. 2017, 181–197.

Ders., Der Glaube verdunstet in den Seelen. Das Jahr des Glaubens zur Überwindung der Glaubenskrise, in: NOrd 66 (2012) 417–428.

Ders., *Dogma und Fortschritt bei Joseph Ratzinger. Prinzipien der Kontinuität*, Paderborn 2012.

Ders., Europäische Identität. Zwischen Willkommens-, Wohlstands- und Leitkultur, in: NOrd 70 (2016) 25–33.

Ders., Kirchenkrise – Glaubenskrise. Sackgassen und Lösungsansätze, in: NOrd 74 (2020) 4–16.

Ders., Künstliche Intelligenz – Segen oder Fluch?, in: NOrd 77 (2023), 341–351.

Ders., Il Martirio. Suprema testimonianza d'amore, in: M. Graulich und ders. (Hrsg.) *Deus Caritas Est. Porta di Misericordia*, Vatikan 2016, 123–141.

Ders., *Wegweisung für verunsicherte Christen*, Kißlegg-Immenried [3]2023.

Ders., *Wegweisung für das Ewige Leben*, Kißlegg-Immenried [3]2023.

Ders., Zwischen Traditionalismus und Modernismus. Neuevangelisierung als Ausweg?, in: NOrd 66 (2013) 335–347.

3. Online-Quellen
(in alphabetischer Ordnung)

Deutschlandfunk, Anstößige Inhalte, 4. 6. 2023, in:
https://www.deutschlandfunk.de/grund-und-mittelschulen-in-utah-verbannen-die-bibel-102.html [abgerufen am 20. 1. 2024].

EKD, Stellungnahme des Rates der EKD, 11.10.2023, in: https://www.ekd.de/ekd_de/ds_doc/EKD-Stellungnahme_Schwangerschaftsabbruch_Rat_der_EKD.pdf [abgerufen am 20.1.2024].

Harry Büsser, Warnungen vor KI-Weltherrschaft, 4.4.2023, in: https://www.handelszeitung.ch/unternehmen/kunstliche-intelligenz-selbst-elon-musk-sieht-eine-gefahr-fur-die-menschheit-589555 [abgerufen am 14.1.2024].

Kardinal Marx entschuldigt sich für Diskriminierung Homosexueller, 14.3.2022, in: https://www.katholisch.de/artikel/33490-kardinal-marx-entschuldigt-sich-fuer-diskriminierung-homosexueller [abgerufen am 14.1.2024].

Katholische Kirche in Deutschland, Statistische Daten 2022, in: https://www.dbk.de/fileadmin/redaktion/diverse_downloads/presse_2023/DBK_FLY_Statistik_2022_Ansicht.pdf [abgerufen am 20.1.2024].

Mannheim, Heidelberg, Gießen, Sexueller Missbrauch an Minderjährigen durch katholische Priester, Diakone und männliche Ordensangehörige im Bereich der Deutschen Bischofskonferenz, 24. September 2018, in: https://www.zi-mannheim.de/fileadmin/user_upload/downloads/forschung/forschungsverbuende/MHG-Studie-gesamt.pdf [abgerufen am 20.1.2024].

Open Doors, World Watch List 2024, in: https://www.opendoors.org/en-US/persecution/countries/ [abgerufen am 20.1.2024].

Ralph Weimann, geb. 1976, studierte Philosophie und Theologie in den USA, in Italien und Deutschland. Nach seiner Priesterweihe im Jahr 2007 promovierte er mit einer Arbeit zum Thema »Dogma und Fortschritt bei Joseph Ratzinger«. Daran schloss sich eine zweite Promotion im Bereich der Bioethik zum Thema »Bioethik in einer säkularisierten Gesellschaft« an. Seit 2013 lehrt er an verschiedenen Hochschulen und Universitäten, vor allem an der Päpstlichen Universität Heiliger Thomas von Aquin (*Angelicum*) in Rom. Neben seiner Lehrtätigkeit ist er Autor zahlreicher Schriften. Zuletzt ist der Titel »Wegweisung für das Ewige Leben« erschienen.